少儿·阅读写作策略丛书

YUEDULI WENXUE ZUOPIN DE YUEDU CELÜE

阅读力

文学作品的阅读策略

[加]阿德丽安·吉尔 著

朱永新 王 林 主编 岳 坤 副主编

岳 坤 译

接力出版社

Publishing House

桂图登字：20-2013-090

图书在版编目（CIP）数据

阅读力．文学作品的阅读策略 /（加）阿德丽安·吉尔著；朱永新，王林主编；岳坤译．—南宁 ：接力出版社，2017.8（2024.4重印）
（少儿·阅读写作策略丛书）
书名原文：READING POWER
ISBN 978-7-5448-4976-0

Ⅰ.①阅… Ⅱ.①阿…②朱…③王…④岳… Ⅲ.①阅读课－小学－教学参考资料 Ⅳ.①G624.233

中国版本图书馆CIP数据核字（2017）第179486号

责任编辑：李雅宁 孔 倩 美术编辑：许继云
责任校对：杜伟娜 责任监印：刘宝琪 版权联络：王彦超
社长：黄 俭 总编辑：白 冰
出版发行：接力出版社 社址：广西南宁市园湖南路9号 邮编：530022
电话：010-65546561（发行部） 传真：010-65545210（发行部）
网址：http://www.jielibj.com 电子邮箱：jieli@jielibook.com
经销：新华书店 印制：中煤（北京）印务有限公司
开本：710毫米×1000毫米 1/16 印张：13 字数：200千字
版次：2017年8月第1版 印次：2024年4月第7次印刷
印数：29 001—32 000册 定价：39.80元

质量服务承诺：如发现缺页、错页、倒装等印装质量问题，可直接联系本社调换。
服务电话：010-65545440

丛书序

在读写中思考与创造

纵观十几年来世界各地的教育改革，无不是把阅读力的培养放在重要位置。国际上针对全球四年级的PIRLS（国际阅读素养进展研究）和高中二年级的PISA（国际学生评估项目）考试，测试的重点也是在阅读力上。近年来，国际教育界看到了写作在帮助学生获得成功上的巨大作用，更是把关注重点从阅读力过渡到写作力。

其实，阅读和写作本来就是密不可分的。“学而不思则罔，思而不学则殆”。说的就是阅读与写作的关系。阅读是站在大师的肩膀上前行，写作是站在自己的肩膀上攀升。写作是阅读的自然成果，也是真正思考的开始。

阅读力是思考力。语言是思维的工具，而阅读正是用语言去“破译”文字背后的意义，阅读的重要作用是触发学生的思考。但是，由于中文的特殊性，加上长期的教学惯性，我们的语文教学仍以背诵和记忆为主要手段，很少教“思考”。

写作力是思考力。阅读是输入，写作是输出，都能促进思考。作品的优劣往往取决于作者思考的广度、深度和创意。但是，由于我们的语文写作教学不进行思考练习，加上对优美语句的过度重视，学生写出的作文最常见的问题是内容不清，逻辑不明，表达不畅。

思考力是创造力。一个思考力很弱的人，在任何领域都不会取得太高的成就。人工智能已经大踏步地“入侵”人类的思考领地，但是，我们应该看到，入侵的主要是在计算机等领域，未来人类值得骄傲的仍然是思考力、美感力和创新力。

这么多“力”合在一起，构成了这套丛书想表达的主要意思：阅读力、写作力、思考力和创造力，如同人的大脑中的四个齿轮，相互促进，相互作用。所形成的思考力和创造力，正是语文教学应该从学生的成长入手，为学生的未来奠基，教给孩子的带得走的能力。

以上就是翻译这套书的初衷，是我们长期观察语文教学，推进新教育实验的过程中迫切需要解决一些问题而引进的。阅读力、写作力的培养要靠阅读策略和写作策略的训练。为什么要学习读写策略？有哪些读写策略？如何教授读写策略？效果如何评估？有没有可以简便易上手的做法？这些内容都将在这套书中一一呈现。

为什么要学习读写策略？我觉得有三点重要原因：一、在强调传统教学的同时，也强调教学的变革。国际上的阅读教学在阅读材料和教学方法上，已经发生深刻变革。例如，在阅读材料上，童书越来越成为教学的重要内容；在教学方法上，讨论和思考越来越成为教学的重要内容。从PIRLS等的阅读测试题目也可以看出，除了一些简单的“直接提取信息”的题目外（谁？什么地点？什么时间？什么事？），越来越多地考查学生的高层次思维的能力，特别是批判性思考和创意思考的能力。二、在强调阅读量的同时强调阅读的“质”。学生的阅读需要一定量的积累，但不是读得越多，阅读能力就自然提升。很多学生读过不少书，但却不会思考。研究已经表明，阅读策略需要教才能获得。三、在强调快乐阅读的同时，也关注有难度的阅读挑战。在儿童阅读的起步阶段，多谈些“兴趣”“快乐”是没问题的，但过度强调或一直强调，则易使学生倾向于读简单的书，稍有难度则放弃。正是这种原因，导致了不少小学生到毕业之时，还是以阅读图画书和漫画书为主，迟迟不能读文字书。

有哪些读写策略？国际上谈论的读写策略，和我们语文教学中常谈到的“阅读方法”“阅读技能”不太一样，读写策略是以理解为核心，以思考为着力点，帮助学生寻找文本信息、获得意义的方法和技巧。研究发现，熟练的读者都运用了有效的阅读策略帮助他们理解文字。读写策略有多少种，不同的专家有不同的说法。本套书的作者将其归纳成五种，分别是：联结、提问、图像化、推测和转化。首批推出的这三本书都是围绕这五大策略如何在课堂上使用展开的。中国老师在教学时，一些传统有效的重要策略仍应该保留，例如，做笔记的策略、摘要的策略，归纳主旨的策略。

如何教授读写策略？首批出版的这三本书的作者来自加拿大的一线教师，实用是本丛书的一大特色。作者制作了许多表格，而且单列在书后，就是希望教师们可以直接复印下来使用。针对我们的语文教学情况，在教授读写策略时，教师们可以参考如下步骤进行：教师解释并示范读写策略——学生合作练习，领悟读写策略——学生独立练习，使用读写策略——学生熟练掌握，将读写策略应用于真实的阅读环境。需要注意的是，一项读写策略的运用自如，需要时间累积和反复练习。

读写策略的重要性已经越来越被国内语文教育界所认识，在新版的语文教材中还编写了关于读写策略的单元。对大部分教师而言，读写策略还是新鲜事物，这套书的出版可谓及时雨。

这套书的出版经历了不短的时间。2012年新阅读研究所就开始规划一套“新阅读译丛”，第一批拟推出两个系列，一个是以赫希教授的“核心知识”为主题的系列，一个就是这次以读写策略为主题的系列。前者已经在福建教育出版社出版，后者由接力出版社出版。这套读写策略原版书五年前即从国外购回，并组织翻译。其间，新阅读研究所和出版社都经历人员变动，加上对译稿反复打磨，耽误了一些时间。幸亏有王林和岳坤力促此事，才毕五年之功，得以和各位读者见面。

“他山之石，可以攻玉”，希望这套引进的读写译丛，能让老师们窥国外语文教学之一豹，更希望老师们能在课堂上把读写策略教起来。同时，“新阅读译丛”是一个开放的文库，欢迎大家给我们推荐优秀的国外相关图书，我们将及时组织翻译，介绍给国内的读者。

朱永新

2017年8月1日

前言

阅读力是一个在温哥华和哥伦比亚地区的许多学校里正在开展的阅读教学项目。这种阅读理解的方法，着重强调在阅读时，阅读者应将注意力集中在他们的思考上。

阅读力项目于2002年10月在温哥华的劳拉·西科德小学被发起。最初发起这个项目是为了发动该校的低年级教师加入温哥华教育局所倡导的早期读写计划。我在某次早期读写计划会议上拿出了一张画在餐巾纸上的草图，在这张图上，我画了一个脑袋上有一组拼图的孩子。在那以后，劳拉·西科德小学的教师们对我和我所提出的“用不同方式来帮助学生成为更好的阅读者”这一想法给予热情支持。这些年来，他们无条件地志愿接纳了阅读力作为他们早期读写计划的核心，他们允许我进入他们的课堂来参与并见证这个项目的不断完善，他们就如何进一步推进这个项目提供给我许多珍贵的见解和建议，他们还总是热切地向我推荐他们自己最心爱的书目或是分享他们的讲义、课程和课堂延伸活动。

我在读写大会和专题讨论会期间不断听人们说起，最能推动一个孩子的读写进步的就是示范性的教学活动。我可以毫无保留地说，在劳拉·西科德小学，我有幸与之共事过的教师们无一例外地都进行着示范性教学。如果没有他们，也不会有这本书。

目录

丛书序　在读写中思考与创造　/1

前言　/5

概述　/1

一、熟练阅读者的特征　/1

二、最重要的五种阅读力　/4

第一章　什么是阅读力？　/7

一、阅读、思考和教学　/8

二、阅读前、阅读中与阅读后　/10

三、不同年级教不同的阅读力　/12

四、如何使用本书　/12

五、用阅读力充实你的大脑　/13

第二章　阅读力的组成　/16

一、阅读力模型　/16

二、阅读力主题歌　/22

三、阅读力书箱　/23

四、阅读力教学　/35

第三章 联结力 / 43
一、什么是联结力 / 45
二、教会学生联结力 / 47
三、有关联结力的推荐书目 / 56
第四章 提问力 / 71
一、什么是提问力 / 73
二、教会学生提问力 / 74
三、有关提问力的推荐书目 / 80
第五章 图像化力 / 91
一、什么是图像化力 / 92
二、教会学生图像化力 / 96
三、有关图像化力的推荐书目 / 104
第六章 推测力 / 116
一、什么是推测力 / 117
二、教会学生推测力 / 120
三、有关推测力的推荐书目 / 130
第七章 转化力 / 140
一、什么是转化力 / 143
二、教会学生转化力 / 146
三、有关转化力的推荐书目 / 153
第八章 运用和评测 / 165
一、如何运用阅读力 / 165
二、读小说时使用阅读力 / 169
三、在亲子阅读中培养阅读力 / 178
四、如何评测阅读力 / 179
五、阅读即思考 / 185

概述

> “思维一旦因新的观念而得以拓展，就再也不会回到原来。”——拉尔夫·瓦尔多·爱默生

“阅读力”这个项目深受斯蒂芬妮·哈维和安妮·古德维斯所著《有用的策略》的影响，也受到包括大卫·皮尔森在内的众多阅读理解研究领域学者的作品的启发。“阅读力”旨在教授运用于阅读过程之中的专门策略，使学生在阅读中更具互动性和思考性，从而提高他们的阅读理解能力。这个项目的核心内容包括使用真正的儿童文学作品进行样例示范、阅读练习，以及指导学生独立阅读。

一、熟练阅读者的特征

> “不管语词有多重要，它绝非阅读的目的。”——大卫·皮尔森

20世纪70年代，密歇根大学的教授大卫·皮尔森启动了一项关于“熟练阅读者”的研究。用通俗的话来说，他想要知道究竟是什么使得一个孩子成为更加出色的阅读者。究竟是什么使得一个阅读者对文本的理解能力能够超越同龄人？在这项研究中，他的团队研究了数百位熟练阅读者，通过分析大量的样本数据，确定了熟练阅读者用以理解文本

的若干共同策略。我将这份研究成果称为“熟练阅读者的特征”。

熟练阅读者有如下特征：

一个好的阅读者是元认知[①]的——能够有意识地在阅读中使用以下策略，从而与文本进行互动，更深刻地理解文本内涵。

1. **联结**。一个好的阅读者能够在阅读过程中调取已有的背景知识和个人经验，从而更好地理解文本的意义。
2. **提问**。一个好的阅读者在阅读前、阅读中和阅读后都能够提出基于文本的和由文本生发的问题，从而深刻理解文本的含义。
3. **图像化**。一个好的阅读者能够在阅读过程中，由其“思维之眼”创造出“多重感官图像”，从而有助于对文本的理解。
4. **确定重点**。一个好的阅读者能够对文本中的信息进行分类，挑选出主旨并牢记。
5. **推测**。一个好的阅读者知道并非所有信息都在文本之中，他能够利用文本提供的线索，合理地进行补充假设和推测。
6. **分析和综合**。一个好的阅读者能够分析信息，并结合文本，通过自己的思考得出结论。
7. **监控理解**。一个好的阅读者能够意识到自己遇到了理解困难，并为了读懂而停下来，回头重新阅读。

三十年后的今天，大卫·皮尔森的研究成果得以应用于师范教育、教师职业发展培训和课堂实践当中。熟练的阅读者所使用的策略现已被用于指导各个年级或不同阅读水平的阅读者。简单地说，如果好的阅读者在理解文本时使用的就是这些策略，那么不太

> 这些策略是怎样帮助阅读者达成对文本更深入而有意义的理解的，在许多班级里，这已经是非常明显的了。语文整合资源包（IRP）在阅读教学部分的内容中概括了许多这类策略。

① 元认知指的是对认识的认知，此概念在20世纪70年代由美国心理学家J.H.弗拉维尔提出。具体而言，元认知是个人对于自己认知过程的认识和调节这些过程的能力。——译者注

擅长阅读的阅读者也正需要这些东西。

我曾有幸在温哥华的一次会议上聆听大卫·皮尔森演讲。我当时就坐在第一排，拼命地鼓掌。（在他发言的过程中，我真希望有一支荧光棒——就像在摇滚音乐会上一样——可以亮闪闪地挥舞，对他那些睿智的话语表示支持。）他谈到他的研究，谈到我们应该思考在教导学生阅读的过程中有所改变。他说，阅读并非简单地识字。阅读既是阅读文字，也是阅读文字背后的含义：教阅读既要教文字，也要教给学生如何从文本中获得意义。尽管许多教师都认为一旦掌握了文字，学生就能够掌握阅读理解能力，但我们现在意识到，如果想要学生获得理解文本的能力，就需要在阅读教学中做到均衡，使阅读教学明确地包含认读和阅读理解两个部分。斯蒂芬妮·哈维和安妮·古德维斯的著作，以及黛比·米勒的著作很大程度上都是以大卫·皮尔森的研究为基础的。这些研究反映了阅读理解的复杂性，以及它在阅读过程中的重要性和独立性。“阅读需要双管齐下，既需要破译那些文字符号从而确定词语的含义，又需要思考那些词语背后的意义。”

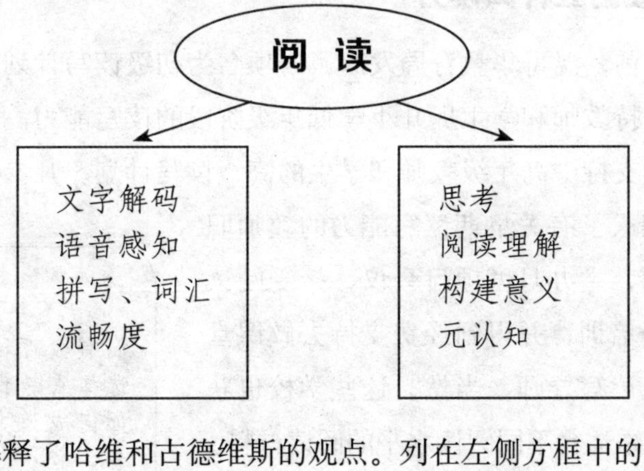

上图解释了哈维和古德维斯的观点。列在左侧方框中的技能是语言学习的几个方面，通常在低年级进行学习，是开始阅读教育的基础。这些技能通常运用丰富多彩的教学方法进行教授，是低年级语文课的重心所在。人们通常认为，一旦学生掌握了文字（右边的那些技能以此为基础)，阅读理解能力自然就具备了。然而这只适用于少数学生。大卫·皮尔森的研究指出，阅读理解技能是阅读的一个独立部分，这一部分和识字技能相比需要同样多的学习时间。“阅读理解能力曾被当作识字和口头语言的自然结果，如今则被看作更加复杂的过程，这个过程需要知识、经验、思考及教学指导。”

换句话说，如果我们想要帮助学生提高理解文本的能力，并且学着积极主动地去建构属于自己的意义，我们需要投入同识字教学同样多的课时来教授思考。考虑到小学教师在识字教学时所耗费的时间，做到以上这些对于众多语文教师而言都意味着许多重大的改变。阅读教学不仅是低年级教师的责任，它变成了所有教师的职责。每一名教师都应该把自己当作阅读教师，而阅读教学必须贯穿整个小学和中学阶段。如果识字只是阅读学习的一个方面，那么教学生认字也就只是阅读教学的一个方面而已。孩子们需要了解，阅读并不仅仅是阅读书页上的词语，而且要理解那些词语意味着什么。教授如何理解这些词语与教授如何读出它们同样重要。

二、最重要的五种阅读力

许多年前，温哥华教育局发起了一项名为初级读写计划的项目，该项目旨在支持教师和学生提升小学低年级阶段的读写能力。后来这一项目又演变成支持中高年级教师和学生的高级读写计划。凡参与这一项目的学校都加入了有关早期读写能力的教师职业发展培训，举办月度项目会议，接受阅读测试及评分培训，并得到经费支持去做课堂观摩及会见读写导师，当然，这些学校也获得资金来增添适合不同阅读水平的阅读材料。

> “不夸张地说，我们有数百种策略可供选择来教我们的学生如何成为更好的阅读者。但关键点在于，所有的教师都选择相同的策略。”——大卫·皮尔森

2001年，我所任教的劳拉·西科德小学加入了初级读写计划。在开展该项目的第一年，我们的目标之一是为学校选择一个读写

教学的侧重点。在多次会议之后，我们决定将项目最初几年的教学重点放在阅读，特别是阅读理解方面。在此之前，我们已经在语音感知方面下了不少功夫，但我们不清楚对那些已经能够认读的文本，学生们到底能够理解多少。我遇到的问题是，当一个二年级的学生骄傲地告诉我他刚刚“读”完了一本《哈利·波特》的时候，他“究竟是真正地阅读了《哈利·波特》，还是仅仅认读了它”？正是在这些关于读写目标的初级会议和讨论中，我的思考转向了斯蒂芬妮·哈维和安妮·古德维斯的《有用的策略》。我重读了这本书，并从中选择了我认为容易实践的内容，同时加入了我自己的观点及我对儿童文学作品的热情。“阅读力”项目就此诞生。

“阅读力”项目优先考量项目实施的简便易行。我了解教师的工作有多辛苦，每年都承担着很多教学任务，要在教学板块中多加一项内容是多么难。而且作为教师，我们其实已经运用过许多来源不同的策略。

> 在简化“熟练阅读者的特征”时，我将“综合”改成了“转化”，因为我感到对年幼的孩子而言，后者更为简单易懂。多数孩子都很熟悉变形金刚玩具，思考的改变这一概念，若用“转变”一词讲给年幼的孩子听，似乎更容易理解。

如果我把“熟练阅读者的特征”（见第2页）散发给我的同事，并说：“这些就是我们需要教给孩子们的策略，帮助他们成为更好的阅读者。”这个单子很可能被存档，然而课堂上的阅读教学还是老样子。我知道对教师而言，要在课堂上尝试点新东西，它必须是简单实用的。从现实角度来看，期待小学教师教授并在阅读课上运用七种阅读策略实在是太多了，所以我从中选了五种：联结、提问、图像化、推测及综合。没有入选的策略并非不重要，仅仅因为这五种是学生最易学习而教师又可以轻松实施的策略。

你所选择的策略——不管是来自“熟练阅读者的特征”“阅读力”，还是其他资源——以及你选择在一学年的课程中介绍几条策略都不重要，重要的是教师有意识地将这些策略和“思考的语言”整合到他们的日常教学实践当中去。我发现，许多学校里，教师们教授着同样的策略，但在教授过程中却采用了存在细微差别的术语。在培养阅读者时创造一种跨年级通用的术语将大有裨益，这些通用术语能够创造出一个共同理解的平台。

> “通过术语，学生学会如何成为有策略的思考者，而不仅仅是策略的使用者。”——彼得·约翰斯顿《选择单词》

有一个问题必须注意。我在不止一个场合听到过同样的感想——参加了研讨会并成功将“阅读力”融入课堂的教师们说：“噢，我不需要做指导性阅读（整班教学、拼读教学、世界墙、读写中心、研讨会、同伴阅读或其他均衡的读写课程内容），因为我在教‘阅读力’。”“阅读力”只是读写课程的一个组成部分，它绝不应该被当作唯一的组成部分。我希望把“阅读力”作为阅读教学的一个部分，它不应该成为——我也不想把它提升为——一个单独的孤立的存在。当然了，阅读力在许多方面会涉及其他的阅读层面，但一个均衡的读写课程应该包括丰富多样的教学手段、内容和实践活动。

第一章　什么是阅读力？

阅读力项目中提到的五种阅读策略被称为“阅读力”，因为“策略”这个词现在几乎被用来描述课堂上发生的所有事情，并且常常与“活动”这个词互换使用。五种阅读力实际上就是五种阅读策略。

> 对我而言，活动是你所做的事，而策略是你做事的方法。

什么是阅读力？

- 研究熟练阅读者所使用的策略。
- 教给学生，阅读就是思考。
- 教学生形成元认知，即意识到自己的思考。
- 在课堂中创造一种“思考的语言”。
- 教给学生运用五种阅读策略来增强他们对所阅读的文学类文本的理解：联结力、提问力、图像化力、推测力和转化力。
- 鼓励学生在阅读时让大脑保持“忙碌”。
- 使用一种具体的图像化的工具来帮助阅读力的教学。
- 向学生介绍大量丰富有趣的文学作品——包括经典著作和精

彩新书。

- 在你的班级和学校里建立一种通用的关于阅读理解的术语。
- 强化你的写作练习项目。
- 尊重孩子们的思考，并且鼓励他们超越字面意义去思考。
- 鼓励学生们在课堂上表达自己，并允许他们有自己的思考和观点，从而带来变化。
- 阅读力将会改变你和你的学生阅读和思考的方式。

一、阅读、思考和教学

一位妈妈和她还没到上学年龄的儿子，面对面地坐在客厅的地板上，各自阅读着一本书。妈妈给孩子朗读的“大声阅读”时间已经结束，现在他们正在进行“安静阅读”。妈妈意识到儿子这一天并没有专心看书，眼睛一直从书的上方盯着她。过了一会儿，她问他在做什么。

“我在观察，看看正在发生什么。”

“你在观察我的书里发生了什么？”她问。

“不……是当你阅读的时候发生了什么。”

“噢。”她回答道，然后继续阅读。

男孩在她阅读的时候继续专注地看了一会儿。“妈妈，”他终于问道，“在你阅读的时候，你会有什么变化？”

这个小男孩用他的稚语提出了一个最深刻的问题。当我们阅读时“发生了什么”这个现象正是阅读的本质所在。“发生了什么”是指我们头脑中意义的相互建构，而这造就了理解。“发生了什么”可能难以被看见、理解、评估和传授，而且可悲的是，并非每个阅读者脑子里都自然而然地“发生了什么”。

阅读理解可能带有主观性，因此许多老师并不在学年开始就去探究它。直到几年前，它都还不在我的课程表上，也不在我的“每日计划”之中。事实上，在过去的教学里，我根本没有时间投入阅读理解的教

> “关于阅读最大的迷思之一是我们在低年级学习阅读，然后突然地，在中高年级从阅读中学习。阅读绝非如此简单的过程。为了提高阅读的熟练程度，即便在成年后也要不断提升阅读策略。”——斯蒂芬妮·哈维、安妮·古德维斯《有用的策略》

学，因为当回头看看自己所受的教育，在小学低年级，我除了认读和语音感知以外，我简直回想不起接受过任何阅读教育。而在大学里，我也不曾上过任何关于阅读理解教学的方法课程。

我的教书生涯是从做小学中高年级教师开始的。作为一名新的小学中高年级教师，我认为自己的工作比在低年级任教要有趣得多。感谢那些低年级教师的辛勤工作，我的大多数学生9月进班时已经学会阅读了。我很惭愧地承认，我清楚地记得曾经对一个朋友说，我很享受在小学中高年级教书，因为我不用教阅读，并且可以跟学生们做“有趣的事情”。我那时发自内心地相信：低年级学习阅读，中高年级在阅读中学习。我从没把自己当作一个“教阅读的教师”，我们在班级里也“进行”阅读，但那不是我所要“教”的东西。我不需要教阅读——我的学生们已经知道如何阅读了。

我当时对于“进行阅读”的理解就是“阅读这个章节，然后回答这些问题”——现在被叫作“布置作业和评估”，而当一个学生在十个问题中只能正确回答两个的时候，我做了什么来帮助他呢？通常来讲，我把作业本发还给他，上面写着“请更正”，同时附一张荧光贴纸，上面写着：“不错！”或者“书写很好！”想到这里，我很难为情——在让我的学生成为更好的阅读者方面，我做的实在是太少了。没错，我的学生们每天都在阅读；我的教室里也塞满了文学作品；我们做小说研究，写读书报告，画故事地图，给作者写信，开故事会；我们写阅读日志，依据故事绘画，制作海报，做阅读者剧场，还做所有我认为属于阅读教学范畴的“有趣的事情”。

回头看看，我想知道这些活动有多少能有助于对文本的深入理解。很显然，我的学生们喜欢这个过程，也非常为自己的作品而自豪，但我现在意识到，我并未教给他们如何使用自己的经验和知识去理解阅读的材料。我那时就像在为一艘船掌舵，船正在下沉，但我做的却是分发板刷，向我的学生们示范怎么去粉刷甲板。让孩子们知道阅读绝不仅仅是读书页上的文字，帮助他们看到他们自己赋予那些文字的东西，这才是真正重要的事情，不仅仅让我们的船能够漂浮在水面上，而且要全速前进。

二、阅读前、阅读中与阅读后

我还记得，当我所在的学校加入温哥华学区的初级读写计划时，我曾经思考过自己当时的课堂实践。我所在学校的老师在提升读写能力的课堂实践上都付出了很大的努力，大多数人，包括我，都参加了关于平衡读写教学法的课后研讨会和职业发展培训，并且已经开始运用多种读写策略。当试图改变的时候，要先看看我们已经取得的成就，所以我和同事们开了一次会，讨论所有正在课堂上实施的读写计划、策略和活动。这份清单很长，真是一笔了不起的财富。在仔细分析了这份清单之后，我清楚地了解到我们的阅读教学通常集中在阅读过程的哪些环节。

如果我们把阅读过程划分为三个阶段——阅读前、阅读中和阅读后——我们在阅读课上的各种实践往往不是在阅读前就是在阅读后（参见第11页的“阅读教学的三个阶段”）。在阅读前，我们花时间运用预测、读图和K-W-L表格①的方式来调动学生的兴趣，然后学生们独立阅读或者老师为他们朗读。阅读后，学生则进行多种多样的读后活动。

在我自己的教学中，阅读中这个阶段有很大的欠缺。当学生们手捧着书，眼看着文字的时候，我们教给了他们什么呢？根据皮尔森的研究，阅读理解是在我们阅读的过程之中产生的，因此，那些阅读过程中的策略乃是理解的关键所在。教授阅读过程中使用的专门策略正是我的

① K-W-L 表格中 K 代表 I Knew（我已经知道的）；W 代表 I Want to Know（我想要知道的）；L 代表 I Learned（我学习到的）。——译者注

阅读教学的三个阶段

阅读前策略

帮助学生在阅读之前专注于文本：

- 分类与预测
- 读图
- K-W-L表格
- 网图
- 根据线索构建故事
- 预测指导
- 词汇介绍

↓

阅读中策略

教学生在阅读的过程中如何思考：

- 阅读力

↓

阅读后策略

提升学生的阅读，帮助他们处理文本：

- 维恩图
- 思维框
- 读后感
- 故事地图
- 文本摘要

阅读课程所缺失的，而这个缺失也会一年一年变得严重。我作为一名教师，首先也是一个学习者。了解到我教学实践中的缺失，并寻找弥补的方法，这是我在教学生涯中学习到的最有价值的一课。

三、不同年级教不同的阅读力

介绍或教授这五种阅读力时，不必注意顺序，因为它们并不互相依存。不过，就技巧的难度而言，推测和转化显然更为复杂，因此我建议不要从这两种开始。联结和图像化更容易被低年级的学生掌握，那些还没有开始独立阅读的孩子也可以学习和练习。

在这个模型中，刚上低年级的学生不学习最后的两个策略：推测和转化。但绝不要低估学前班和一年级学生学习策略的能力。如果你把策略整合进你的课堂，并且使用正确的图书来做示范，我相信即使是最小的孩子也可以学会这些高级别的思考技巧。

第一年实施阅读力教学可能会是这样的情景：

学前班：联结，图像化（3月）

一年级：联结，图像化，提问（1月）

二年级：联结，提问，图像化，推测（11月）

三年级：联结，提问，图像化，推测，转化（9月）

四、如何使用本书

有关阅读力项目的理论和背景已经解说得很明白了，现在来详解“如何”教授阅读理解。阅读力项目有三个重要的组成部分：

1.**阅读力模型**（参见第18页）代表了阅读力的元认知部分以及提供给学生关于阅读和思考是什么的“全景图”的重要性。

2.**书箱**用来整理所使用的书籍。再次强调教学和练习策略时选用适合的图书的重要性。

3.**教学方法**是最重要的：如何真正地在课堂中教授这些策略。

第三章到第七章会带你深入到每一条阅读策略当中。每一章的开篇包括关于该条策略的一些观点以及关于如何教授该策略的建议。紧接着，是一系列的教师指导课或者学生自习课的教学方案，包括示范、指导，直到学生独立练习的环节，每堂课推荐使用的书单也包含在其中。你还能找到学生范文，可复制的图表和模板，以及针对每一种阅读力设计的延伸阅读的推荐图书。

五、用阅读力充实你的大脑

当我在攻读硕士学位时，“元认知”还是一个新的学术用语。尽管当时的我并未完全理解它，我仍尽可能地在论文里多使用这个词，以显示我对时髦的行话的关注。现在，元认知这个概念或者说对思考的觉知已经成为我教学实践的头等大事。我希望我的学生在阅读时不仅要去思考，而且要意识到思考是成为成功阅读者的先决条件。

> 好的阅读者都是具有元认知的，这意味着他们感知到或者说理解到他们的大脑在阅读的时候需要做一些特别的事情来帮助他们更好地理解文本。

许多年前，我的课堂上曾发生过一件事，这对我的教学和学习大有裨益。当时我正在给一个五年级班讲课，在默读的环节，我会把学生挨个叫到讲桌旁，对着我朗读。我会记录下他们的失误、使用的阅读策略以及朗读的流利程度，然后通常再问他们几个关于文本的问题。这一天，轮到西蒙来我的桌前了。英语是西蒙的第二语言，他三岁时和父母从危地马拉移民来到加拿大。他是一个活泼、好交往的孩子，交流的能力不错。他很高兴地来到我的桌前开始大声朗读。他带着感情的流利朗读展现了他在前几年里学习到的许多识字法。我对他的朗读印象深刻，于是开始跟他谈话。如果我当时到此为止，我一定会立马判定他是一个怎样的阅读者，但当我开始问他一些与故事有关的问题，西蒙却一个也答不出来。我非常震惊，这个学生把书朗读得这么好，却根本没读懂这本书。我问他：“你在读书的时候都没有思考一下这个故事吗？”

> “非常出色的朗读！很好。现在，我要问你几个问题，是关于你刚才读到的……”

西蒙顿了一下，转向我说："思考是什么？"这可能是我听到过的最重要的问题。在当时，我真的没办法回答他。"思考就是……嗯……就是思考！"这当然不是他所寻求的答案。现在我终于可以回答他的问题了。

> 好的阅读者知道阅读绝非仅仅能够念出书页上的文字。阅读乃是能够念出文字，并且可以思考那些文字对自己意味着什么。

西蒙这个深刻的提问多年来一直困扰着我，我相信许多教师可能也有类似的经验：孩子们全神贯注于文字以至忘记了去思考故事的内容。西蒙向我展现出阅读拼图中遗失的一块。我在阅读方面跟我的学生做了很多尝试，然而我没有做的偏偏是最为重要的——"噢！抱歉，孩子，我差点忘了告诉你这个有趣的信息：当你阅读的时候，你还需要思考！"

在为学生们开发阅读力课程的时候，最重要的是让他们了解这样一个诀窍：要想成为成功的阅读者，就必须在阅读时学着去思考。我也想向孩子们展示西蒙的问题：思考是什么？提供给孩子们一些具体形象的答案，让他们看见在阅读的时候，一个"思考着的大脑"是什么样子，在阅读力课程中将这一元认知做形象化的呈现很有必要。简单地说，如果西蒙的脑袋是空的，我需要用五种阅读的策略来充实它。这就是阅读力模型（参见第18页）的由来。我曾草草地把它画在一张纸巾上，讲给我的同事们听。后来，我又为学校低年级的每一个班都绘制了一个彩色的版本。共同的阅读理解术语就自然地在使用阅读力模型的过程中产生了，而阅读力的口号成了"用阅读力充实你的头脑"。

> 好的阅读者知道，为了成功的阅读，他们需要边阅读边思考。

有必要提一下的是，在向数百个孩子教授了阅读力之后，我很清楚地知道孩子们的大脑并不是空无一物的，事实上，他们的大脑里已经有这些策略了。唯一的问题是，他们不一定意识到了这些策略。作为教师，我们的工作不是去填充他们的大脑，而是使他们的大脑专注于已经存在于头脑中的这些认知策略，并提供给他们描述这些策略的术语。

增强元认知

好的阅读者……	我们可以通过……来帮助他们
• 阅读时使用专门的策略，从而有助于对文本的理解 • 是元认知的，或者说觉知到了思考在理解文本时扮演着重要角色 • 关注自己在阅读时的“思考的声音”，从而有助于对文本的理解	• 提供给学生熟练阅读者使用的关于策略的术语 • 把元认知——对于思考的觉知介绍给学生们 • 示范有声的思考，使学生可以开始了解思考看起来或听起来是个什么样子

第二章　阅读力的组成

一、阅读力模型

1.有趣的大脑拼图

年龄小的孩子知道，在他们阅读的时候，他们需要积极地使用自己的眼睛和嘴巴，但他们中有多少意识到了大脑也应该是积极主动的呢？在阅读力的教学中，培养元认知意识是非常重要的，这让学生对自己在阅读时大脑里发生的事情形成一个具体形象。

> 好的阅读者在阅读时有一颗忙碌的大脑。

阅读力模型是阅读过程中一个互动性的、形象的提示工具（参见第18页），上面画着一个小孩的头和肩膀部分，而他的头顶上有这样一句话：“用阅读力充实你的大脑！”小孩的头部可由五个不同的、可以移动的拼图块拼成，每块拼图上分别标注着一种不同的阅读力。每向学生们介绍和教授一种阅读力后，对应的拼图块就被放入小孩头部的图形中。这些拼图块合在一起造就了一

> 学生们会看到，当他们学习思考的元认知知识的时候，大脑会变得充实起来，这代表着当一个好的阅读者在阅读时，大脑中有许多不同的事情在发生着。

个理想的熟练阅读者——“拥有一个充满力量的大脑的阅读者读得很棒。”

因为熟练的阅读者通常会在一次阅读经验中从一个策略跳到另外一个，因此采用逐步累积而非各自孤立的方式去教授这些阅读力非常重要。在新的阅读力被介绍给学生们之后，新的板块也随之添加，而这些板块一旦放进了大脑拼图，就不再被移除。

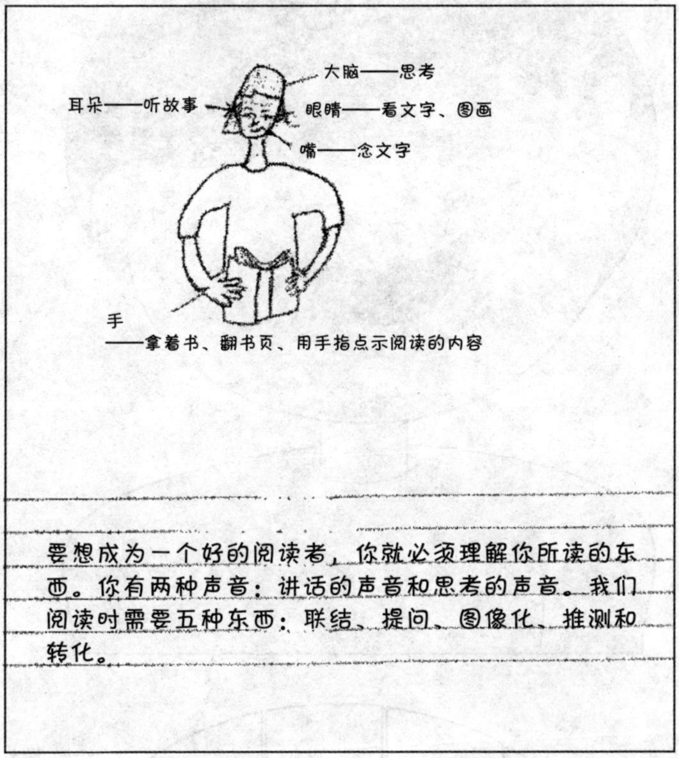

阅读力模型

姓名:________________ 日期:________________

用阅读力充实你的大脑!

2.如何向学生介绍大脑拼图

> “当霍华德阅读的时候，他的大脑很忙碌。”

我通常用这样一个提问来展开我的第一堂阅读力课：“在你阅读的时候，你都用到身体的哪些部位？”这是一个很好的问题，而我得到过一些非常有趣的答案。年幼的孩子通常会先回答“手”，因为想到要拿住书；很快就会有一些别的答案出现——嘴、眼睛、耳朵；但“大脑”并不经常在答案之中。这是为什么呢？我想，作为教师，我们谈论阅读的时候很少提及大脑，如果学生没有意识到大脑其实也是阅读时的一个活跃部位，教师无须惊讶。

> 正如你的眼睛和手在阅读时承担着特殊的任务一样，你的大脑也有专门的职责。

随后我拿出阅读力模型，向学生们解释霍华德（每一个脑袋都应该有一个名字！）是一个好的阅读者。我把拼图板块拿在手上，简单地逐一介绍每一种阅读力，从而帮助学生们更清晰地看见这个“全景图”。教学时可以这么介绍：

> 我知道霍华德是一个好的阅读者，那是因为他阅读的时候，大脑很忙碌。如果我们看看他在阅读时的大脑，我们会发现里面有五件事情正在发生。我们把这五件事情叫作“阅读力”，因为它们帮助霍华德成为一个好的阅读者。让我们看看在霍华德阅读时，他的脑子里究竟都发生了什么。
>
> （我会让年龄小的孩子们使用他们的魔法“X光眼镜”，这样他们就可以看见霍华德大脑的内部，然后看着拼图板块被放进去。）
>
> 当霍华德阅读的时候，他大脑里发生的一件事情会帮助他来理解故事，这件事情叫作联结。这意味着霍华德可能读到了什么使他想起以前发生在他自己身上的事情，或者他可能读到一个角色让他想起了他自己或者他认识的某个人，也有可能他正在读的书让他想

起了另一本以前读过的书。这类情况就叫作联结。

（把联结板块放到大脑里。）

霍华德在阅读时大脑里做的另一件事情也会帮助他更好地理解故事，那就是提问。有时老师在他读完以后也问他问题，但好的阅读者在阅读过程当中会自己提问。

> 如果你已经把阅读力模型和拼图块做成薄片，在每一块的背面贴上胶带、粘扣或是黏胶，就可以轻松地拼装和移除。

（把提问板块放到大脑里。）

现在霍华德开始读章节故事书和小说了，这些书大多数都没有图画，但霍华德能够读故事，并且，在他读的时候，他会在脑子里想象出画面来，这就是图像化。而一个好的阅读者在阅读时会去做图像化。图像化就是在你的脑袋里想象画面。

（把图像化板块放入大脑里。）

在霍华德阅读时，另外一件他会做的事情叫作推测，这可能是一个你以前从没听过的单词，但好的阅读者在阅读时是要做推测的。霍华德知道并不是所有作者都会把一切内容写成文字。有的作者在图画和故事里留出线索，之后就轮到霍华德自己去搞明白这个作者试图说些什么，这就像是他在大脑里填入那些没有写在书页上的内容。

（把推测板块放入大脑里。）

在霍华德阅读某些书的时候，最后一件发生在他脑子里的事情是他实际上发生了转变。那不是说他变成了一个机器人或者一栋房子，而是说他头脑里发生了一些变化。转变就是变化，有时，霍华德的想法在阅读时发生了变化。

（把转化板块放入大脑里。）

（把一本书捧在阅读力模型前。）

让我们看着霍华德读一会儿书。噢……霍华德刚刚做了一次联结，现在他想知道……现在他在图像化……现在他又做了一次联结……现在他推测到……哇！霍华德的大脑相当忙，不是吗？

好了，这就是霍华德在阅读时忙碌思考着的大脑的样子。是不是很神奇？每一种阅读力都帮助他去理解正在阅读的内容，而且因为他已经用这种方法阅读了很久，他可以同时使用这些阅读力。他在阅读时从一种阅读力换到另外一种——在这一页上他可能会提问，而下一页他会做联结，然后再下一页他可能在脑子里想象一幅画面。但如果要同时做所有五件事情还是有点困难的，所以今年我们会每次只学习其中一件。而我要告诉你们一些可能会让你们惊讶的事情——你们的大脑里已经有了所有这些阅读力，你们只是需要去了解它！

孩子们通常会笑话霍华德，叫他彩虹大脑或者头盔脑袋，但正是阅读力模型为他们提供了一个具体的形象，要不然，他们无论如何也不会产生这种形象。在我的学校，这个形象还是许多孩子聊天的焦点。这个班可能会参与另一个班的伙伴共读活动，然后认出这个模型，但看见脑袋里装着的是不同的拼图板块。不同的脑袋往往有不同的名字，而这也成了聊天的话题。

每次我开始教一项新的阅读力，我总会回到霍华德，跟我的学生们复习"全景图"：

> 在第一堂介绍阅读力模型的课程之后，我通常让学生写一写他们学到了什么。

为什么我们又来学习这个？我们学习它是因为好的阅读者在阅读时会思考，而这种思考能帮助他们更好地理解故事。因为我们每一个人有不同的想法和经历储存在我们的脑袋里，所以每个人的思考也不一样。但如果我们都学习通过在脑子里建立联结或是提问或是想象画面来使用我们的大脑思考，我们也将学会怎样才能更好地理解故事。

每当听到参加过阅读力研讨会的人受到了启发，并将他们学到的东西应用于自己班级或学校的实际需求时，我总是非常兴奋。珍妮弗·加德纳以前是弗农学区的读写顾问，现在是该学区的一位副校长，她正致力于将来自阅读力的许多观点和策略在全校推行。她告诉我她对阅读力模型进行了一点小改造。当珍妮弗将“大脑拼图”应用于各个年级时，学生们参与到各自班级的模型创作之中。举个例子，在学前班里，学生们学习联结和图像化，所以这两块拼图被放大了搁在学前班模型的脑袋里；在一年级，他们学习联结、图像化和提问，所以一年级模型的脑袋里有三块拼图，依此类推。她还把这些策略融入知识类作品的阅读中，这样，她的学生就可以同时学习在文学类文本中和知识类文本中的联系分别是什么样子。我还知道另外一位教师让她的班级在制作模型时采用自画像的形式，每当她教一项新的策略时，学生们就在自己的模型上加入一块拼图。而当中高年级的教师们让他们的班级设计自己的模型时，我见到了许多独特的发型、衣着和面部穿孔。怎么制作和创造这个模型完全取决于你，但我相信其本质在于你创造了一个形象，让你可以指着它说：“这就是思考看起来的样子。”

二、阅读力主题歌

概论课之后，缇娜·吉尔的学前班的学生创作了一首阅读力主题歌并唱给我听，每次他们唱到“大脑”一词的时候，都会大声地喊出来。让一群五岁的孩子唱一首有关元认知的歌曲是最让人难忘的！我问他们为什么在唱到“大脑”的时候要大喊，一个男孩对我说那是“因为大脑在你阅读的时候太重要了”。当我开始给中高年级学生教阅读力课程的时候，我从吉尔女士的学前班那里为我的大孩子们“借”来了这首歌曲。

吉尔女士的班级启发我为每一种阅读力创作了一首主题歌。这些可以在你介绍每一种新阅读力时用到，它们将有助于强化每一种策略的关键点。我的班级的学生帮我写了许多歌词，你完全可以自由地替换或是加上你自己的内容。我知道，在温哥华，有学校用这些歌强化整个学校内的通用术语，每当他们学习一个策略时，他们在学校的周会上就会唱这些歌。

* * *

阅读力主题歌

（采用《头和肩之歌》的曲调）

手和嘴和
眼和脑！
眼和脑！
眼和脑！
手和嘴和
眼和脑！
击掌相庆阅读力！

* * *

三、阅读力书箱

“我今天在一家旧书店买回一卷无价之宝，只需一碗汤的价格。在回家的火车上我一直在读它。我变得充实，获得了美德，我的生命增添了厚度。”——大卫·格雷森

许多年前，在英属哥伦比亚大学，我的第一堂语文学习方法课堂上，一位叫克莱尔·斯托布斯的女教授走进庞德罗萨大楼的那间小教室，以朗读凯瑟琳·帕特森的《养女基里》开始了她的课。她在那里上课的第一天就告诉我们，作为教师，我们要做的最重要的事情就是每天给我们的学生朗读。那之后的每一堂课，她都会朗读书中的一个章节，尽管班上有些人可能厌烦她的朗读，我却因此受到了巨大影响。这个经验对我的影响可能比我在方法论课上学到的其他任何东西都要深远。我对自己说，等毕业后我要去做克莱尔·斯托布斯建议的这件事。在我二十年的教学生涯中，我犯过许多错误，但每天对全班学生朗读这件事我做得很好。不管是哪个年级，不管这一天过得怎么样，当学生们走进我的教室时我都会朗读。每天为我的学生朗读是我作为一名教师的责任，对我而言还是一项特权。儿童、少年和青年人可以获取的文学读物是如此丰富，又是如此美好而

> “好的书籍是教授阅读理解的核心。”——哈维、古德维斯《有用的策略》

> 图画书并不仅仅用于低年级。事实上，我认为现在的许多图画书不论在语言还是在主题上，对于年幼的读者来说都太具挑战性了。

深刻，以至如果不分享这些作品，那简直是极大的损失。书籍“为我的生命增加了厚度”，也必然为我学生的生命增加厚度。

我鼓励中高年级教师在介绍这些策略时使用图画书。大卫·皮尔森说过，如果教师持续使用“挑战学生能力极限”的文本来教授新的阅读策略，学生会更难领会和运用这一新策略；而如果我们在教学和练习策略时把阅读难度稍微降低一点，学生们的学习和运用就会容易得多。这一观点支持了我的想法，即通过使用阅读难度略低的图画书来教授一种策略，这样我们可以给学生更好的机会去了解、学习该策略。中高年级的孩子因为被允许阅读图画书而激动万分，他们非常享受这种体验。我见过七年级的学生为了能拿到大卫·香农的《大卫，不可以》来进行联结策略练习而打了起来，还见过学生们跳起来争抢练习图像化策略用的《煤球眼儿猫咪》。

阅读力项目为教师和学生们打开了通往文学的大门，并且向他们介绍了一系列出色的图书、作者和绘者。一旦我熟知支持每种策略的图书类型以后，阅读时我很难不去想自己应该使用哪种策略。在研讨会上，教师们经常告诉我他们知道的某本书虽然不在书单里，但“绝对适合联结策略”或是“绝对适合图像化策略”。我支持你向推荐书单中添加自己最爱的书。有些书特别适合某种策略，而且很明显你应该把它放在书箱中对应的那一列。另一些书则可能适合不止一种策略。遇到一本好书的时候，我往往不知道如何归类！

在我进行的每日朗读活动中，我必须承认，我的朗读有时会有些不够自然，或者说缺少一个读它的理由。我通常是因为自己喜欢某本书，或是某本书适用于一年中的某些特殊场合，又或是我最近恰好去了一趟书店而为我的学生朗读一本书。但现在，阅读力项目使我的朗读有了系统。我会专门挑选那些有助于我正在教授的阅读策略的书籍，并着力在阅读时将该种策略的术语整合进来，因此我创制了书箱。书箱不是必需的，并且，坦白说，它是一项辛苦的劳动，但它会让使用它的教师轻松一些。教师一天没有太多的时间，把所有的书放在一个地方准备好，这定将大大节省你的时间。

我喜爱的书如此之多，但确实有一些书在用于教授和练习策略时更好一些。我决定制作一个阅读力书箱，每一列包含一系列专门挑选出来的用于某种特定策略的书籍。书存放在一个由教师标注过的塑料盒里，每四到六周轮换一次。

一两年后，有的教师发现最好为每种策略补充一些新的精品书，这样的话，示范课对学生而言就会更加新鲜有趣。每年有这么多的童书出版，要找到一些好书加入你的书箱一点都不难。

有的学校为每种策略挑选五六本图书，放入不同的“精品包”中。这些精品书是专门给教师讲示范课或是做指导性练习的，不与书箱里供学生们独立练习的那些书混在一起。在阅读力的每一个章节，你会找到两个不同的书单：第一个是推荐精品书，那是我找到的特别适合示范课用的书籍；还有一个书单则是供你为学生们制作书箱用的。

童书的销量巨大，往往一种书绝版，就有三种更好的书上架。在与学区内许多教师兼图书管理员讨论过之后，我决定保留一些“绝版”书。有一些绝版书是经典作品，图书馆的书架上总是能够看到它们的身影，等着人们来阅读。

下面是我的优选书单，都是我最喜欢的适合低年级和中高年级学生用的新书，在此针对每一种阅读力分门别类列出。更丰富的书单可参见每章的结尾部分。

1.阅读力推荐书目（低年级）[1]

联结力

学前班至一年级

Catherine & Laurence Anholt, *Good Days Bad Days*
凯瑟琳·安荷特、罗伦斯·安荷特，《好日子，坏日子》

Vicki Churchill, *Sometimes I Like to Curl Up in a Ball*
维奇·切尔齐尔，《我是小袋袋》

Paul Fleischmann, *Rondo in C*
保罗·弗莱希曼，《C大调回旋曲》

Sam McBratney, *I'm Sorry*
山姆·麦克布雷尼，《对不起》

Colin McNaughton, *Once Upon An Ordinary School Day*
柯林·麦克诺顿，《不一样的上学日》

David Mcphail, *Sisters*
大卫·麦克菲尔，《姐妹》

Vera Rosenerry, *Vera's First Day of School*
薇拉·罗森贝里，《薇拉上学第一天》

David Shannon, *No,David!*（also *David Goes to school* and *David Gets In Trouble*）
大卫·香农，《大卫,不可以》（以及《大卫上学去》和《大卫惹麻烦》）

Kathy Stinson, *Red is Best*
凯西·斯蒂森，《红色最棒》

二至三年级

Diana Cain Blumenthal, *I'm Not Invited*
戴安娜·凯茵·布卢门撒尔，《没人邀请我》

Janan Cain, *The Way I Feel*
珍娜·凯茵，《猜猜我在想什么》

Eugenie Fernandes, *A Difficult Day*
尤金妮亚·费尔南德斯，《难熬的一天》

Florence Parry Heide, *Some Things Are Scary*
弗洛伦斯·帕里·海德，《吓人的事》

Kevin Henkes, *Chester's Way*（or any book by Kevin Henkes）
凯文·亨克斯，《切斯特的办法》（或者凯文·亨克斯的任何书）

Rebecca Jones, *Matthew and Tilly*
丽贝卡·琼斯，《马修和蒂利》

Norton Juster, Chris Raschka, *The Hello, Goodbye Window*

[1] 正如前面介绍过的，作者称自己在加拿大温哥华学区。这里的低年级原文为primary，是指学前班到三年级；下文的中高年级原文为intermediate，是指四到七年级。——译者注

诺顿·贾斯特、克利斯·拉西卡,《神奇的窗子》

Lisa Kopelke, *The Younger Brother's Survival Guide*

丽莎·科佩尔克,《小弟弟生存指南》

Alexis O'Neill, *The Recess Queen*

艾莉克斯·欧尼尔,《珍妮小霸王》

Todd Parr, *It's Okay to Be Different*

托德·帕尔,《不一样没关系》

Barbara Reid, *The Party*

芭芭拉·瑞德,《生日派对》

David Shannon, *No, David!* (also *David Goes to School* and *David Gets in Trouble*)

大卫·香农,《大卫,不可以》(以及《大卫上学去》和《大卫惹麻烦》)

Bernard Waber, *Courage*

伯纳德·韦伯,《勇气》

提问力

Barbara Abercrombie, *Charlie Anderson*

芭芭拉·阿伯克龙比,《幸福的查理》

Louise Borden, *The Day Eddie Met the Author*

路易斯·波登,《埃迪见到了大作家!》

Eve Bunting, *Fly Away Home*

伊芙·邦婷,《我想有个家》

Timothy Basil Ering, *The Story of Frog Belly Rat Bone*

提摩思·巴兹尔·埃灵,《蛙肚鼠骨的故事》

Dennis Haseley, *A Story for Bear*

丹尼斯·海士黎,《爱听故事的大熊》

Oliver Jeffers, *Lost and Found*

奥利弗·杰弗斯,《远在天边》

Paul Owen Lewis, *The Jupiter Stone*

保罗·欧文·刘易斯,《木星石》

Lois Rock, *I Wonder Why*

罗伊斯·洛克,《我想知道为什么》

Eric Rohmann, *The Cinder-Eyed Cats*

埃里克·罗曼,《煤球眼儿猫咪》

Eric Rohmann, *Clara and Asha*

埃里克·罗曼,《克拉拉和阿莎》

William Steig, *Sylvester and the Magic Pebble*

威廉·史塔克,《驴小弟变石头》

图像化力

John Burningham, *Seasons*

约翰·伯宁罕,《一年四季》

Jan Carr, *Splish, Splash, Spring!*

简·卡尔,《春天水哗哗》

Marie Hall Ets, *Gilberto and the Wind*

玛丽·荷·艾斯,《风喜欢和我玩》

Patricia Hubbell, *Sidewalk Trip*

派翠西亚·哈贝尔,《上街走走!》

Ezra Jack Keats, *The Snowy Day*

艾兹拉·杰克·季兹,《下雪天》

Jonathon London, *Puddles*

乔纳森·伦敦,《啪嗒啪嗒!》

Lynn Plourde, *Wild Child* (also *Winter Waits, Spring's Sprung, Summer's Vacation*)
林恩·卜劳德,《野孩子》(以及《冬天的等待》《春天的涌动》《夏天的假期》)
Pam Munoz Ryan, *Hello Ocean*
帕姆·穆诺兹·莱恩,《大海, 你好! 》
Joanne Ryder, *Snail's Spell*
乔安妮·赖德,《蜗牛的咒语》
George David Weiss, *What A Wonderful World*
乔治·大卫·韦斯,《美丽新世界》

推测力

Jez Alborough, *Hug*
杰兹·阿波罗,《抱抱》
Keith Baker, *Little Green*
基思·贝克,《小绿》
Suzanne Bloom, *A Splendid Friend, Indeed*
苏珊·布鲁姆,《最好的朋友》
Anthony Browne, *Willy the Wizard* (or any of the willy books)
安东尼·布朗,《魔术师威利》(或者威利系列的任何一本书)
Alexander Day, *Good Dog Carl*
亚历山德拉·戴,《好狗, 卡尔》
Mem Fox, *Tough Boris*
梅·福克斯,《粗人鲍里斯》
Barbara Lehman, *Museum Trip*
芭芭拉·莱曼,《博物馆之旅》
Popov, *Why?*
波波夫,《为什么? 》
Chris Raschka, *Yo!Yes!*
克里斯·拉西卡,《哟! 哦!》
Peter Sis, *Madlenka's Dog*
彼得·西斯,《玛德琳卡的狗》
Chris Van Allsburg, *The Sweetest Fig*
克里斯·范·奥尔斯伯格,《神奇的的无花果》
David Wiesner, *Tuesday*
大卫·威斯纳,《疯狂星期二》
Jeanette Winter, *Mama* (plus Isabella Hatkoff , *Owen and Mzee*)
珍妮特·温特,《妈妈》(以及伊莎贝拉·哈特科夫,《小欧文和老厄姆齐》)
Ed Young, *Seven Blind Mice*
杨志成,《七只瞎老鼠》

转化力

John Burningham, *Hey! Get Off Our Train*
约翰·伯宁罕,《请让我留在火车上吧! 》
Barbara Cooney, *Miss Rumphius*
芭芭拉·库尼,《花婆婆》
Julie Danneberg, *First Day Jitters*
朱莉·丹尼伯格,《不想上学! 》
Denise Fleming, *Where Once There Was a Wood*

丹妮丝·弗莱明，《那儿曾经有片树林》

Mem Fox, *Whoever You Are*

梅·福克斯，《我们都是好朋友》

Patrick McDonnell, *The Gift of Nothing*

帕特里克·麦克道奈尔，《我把“没有”送给你》

David McPhail, *The Teddy Bear*

大卫·麦克菲尔，《泰迪熊》

Emily Pearson, *Ordinary Mary's Extraordinary Deed*

艾米莉·皮尔森，《小小玛丽不平凡》

Peter Reynolds, *Ish*

彼得·雷诺兹，《味儿》

Peter Reynolds, *The Dot*

彼得·雷诺兹，《点》

Amy Krouse Rosenthal, *Cookies: Bite-Size Life Lessons*

艾米·罗森塔尔，《小饼干的大道理》

James Simon, *My Friend Whale*

詹姆斯·西蒙，《我的鲸鱼朋友》

Shelley Moore Thomas, *Somewhere Today: A Book of Peace*

谢莉·穆尔·托马斯，《今日某处——一本关于和平的书》

Melanie Watt, *Scaredy Squirrel*

梅兰尼·瓦特，《小嘀咕的幸福生活》

2.阅读力优选书单（中高年级/初中）

联结力

Paul Fleischmann, *Rondo in C*

保罗·弗莱希曼，《C调回旋曲》

Florenc Parry Heide, *Some Things Are Scary*

弗洛伦斯·帕里·海德，《吓人的事》

Lisa Kopelke, *The Younger Brother's Survival Guide*

丽莎·科佩尔克，《小弟弟生存指南》

Tom Lichtenheld, *What Are You So Grumpy About?*

汤姆·利希藤黑尔德，《你在气什么？》

Colin McNaughton, *Once Upon An Ordinary School Day*

科林·麦克诺顿，《不一样的上学日》

Alexis O'Neill, *The Recess Queen*

艾莉克斯·欧尼尔，《珍妮小霸王》

Patricia Polacco, *My Rotten Red-Headed Older Brother*

派翠西亚·波拉蔻，《我的红发臭老哥》

David Shannon, *No, David*（also *David Goes to School* and *David Gets in Trouble*）

大卫·香农,《大卫,不可以》(以及《大卫上学去》和《大卫惹麻烦》)

Shaun Tan, *The Red Tree*

陈志勇,《绯红树》

Viorst Judith, *If I Were in Charge of the World* Poetry

维奥斯特·朱迪思,《如果由我掌控这个世界及其他烦恼》(诗歌)

Bernard Waber, *Courage*

伯纳德·韦伯,《勇气》

提问力

Barbara Abercrombie, *Charlie Anderson*

芭芭拉·阿伯克龙比,《幸福的查理》

Pat Brisson, *The Summer My Father Was Ten*

帕特·布里森,《我爸爸十岁那年夏天》

Eve Bunting, *Fly Away Home*

伊芙·邦婷,《我想有个家》

Eve Bunting, *Gleam and Glow*

伊芙·邦婷,《闪闪光》

Jennifer Riesmeyer Elvgren, *Josias, Hold the Book*

珍妮弗·里斯迈尔·埃尔夫格伦,《约西亚,来上学吧》

Paul Lewis Owen, *The Jupiter Stone*

保罗·刘易斯·欧文,《木星石》

Sarah Perry, *If*

萨拉·佩瑞,《如果》

Christopher Phillips, *The Philosopher's Club*

克里斯托弗·菲利普斯,《哲学家俱乐部》

Allan Say, *The stranger in the Mirror*

艾伦·塞伊,《镜子里的陌生人》

Frances Thomas, *Mr. Bear and the Bear*

弗朗西斯·托马斯,《熊先生和熊》

Ian Wallace, *Boy of the Deeps*

伊恩·华莱士,《矿井男孩》

图像化力

Lewis Carroll, *Jabberwocky*

刘易斯·卡罗尔,《无聊之语及其他诗歌》

Dominique Demers, *Every Single Night*

多米尼克·德莫斯,《每一夜》

Sheree Fitch, *No Two Snowflakes*

谢林·费奇,《没有两片雪花》

Jimmy Liao, *The Sound of Colors*

几米,《地下铁》

Sheryl McFarlane, *Jessie's Island*

雪莉·麦克法兰,《杰西的岛屿》

Dav Pilkey, *The Paperboy*

戴夫·皮尔奇,《小报童》

Lynn Plourde, *Wild Child* (also *Winter Waits, Spring's Sprung, Summer's Vacation*)

林恩·卜劳德,《野孩子》(以及《冬天的等待》《春天的涌动》《夏天的假期》)

Pam Munoz Ryan, *Hello Ocean*
帕姆·穆诺兹·莱恩,《大海，你好！》
Cynthia Rylant, *In November*
辛西娅·赖兰特,《十一月》
Stephanie St.Pierre, *What the Sea Saw*
斯蒂芬妮·圣·皮埃尔,《海看见》
Sarah Thomson, *Imagine a Day*
萨拉·汤姆森,《想象有一天》
Sarah Thomson, *Imagine a Night*
萨拉·汤姆森,《想象有一夜》
Valerie Worth, *All the Small poems* (*poetry*)
瓦莱丽·沃斯,《所有小诗和十四首新作》(诗集)
Charlotte Zolotow, *The Seashore Book*
夏洛特·佐罗托,《海滨书》

推测力

Anthony Browne, *The Piggy book*
安东尼·布朗,《朱家故事》
Anthony Browne, *Voices in the Park*
安东尼·布朗,《公园里的声音》
Roberto Innocenti, *Flower on the barbed wire*
罗伯特·英诺森提,《铁丝网上的小花》
Barbara Lahman, *The Red Book* and *Museum Trip*
芭芭拉·莱曼,《小红书》和《博物馆之旅》
James Marshall, *George and Martha*
詹姆斯·马歇尔,《乔治和玛莎》
Popov, *Why?*
波波夫,《为什么？》
Chris Raschka, *Ring!Yo!*
克里斯·拉西卡,《铃！哟！》
Chris Raschka, *Yo!Yes!*
克里斯·拉西卡,《哟！哦！》
Chris Van Allsburg, *The Mysteries of Harris Burdick*
克里斯·范·奥尔斯伯格,《十四张奇画的十四个故事》
Chris Van Allsburg, *The Sweetest Fig* (anything by Chris Van Allsburg!)
克里斯·范·奥尔斯伯格,《神奇的无花果》(克里斯·范·奥尔斯伯格的任意一本书！)
David Wiesner, *June 29, 1999* (anything by David Wiesner)
大卫·威斯纳,《1999年6月29日》(大卫·威斯纳的任意一本书)
Margaret Wild, *Fox*
玛格丽特·维尔德,《狐狸》
Jeanette Winter, *Mama* (plus Isabella Hatkoff, *Owen and Mzee*)
珍妮特·温特,《妈妈》(以及伊莎贝拉·哈特科夫,《小欧文和老厄姆齐》)

转化力

Byrd Baylor, *The Table Where Rich People Sit*

伯德·贝勒,《富人的桌子》

Eve Bunting, *Riding the Tiger*

伊芙·邦婷,《骑虎》

John Burningham, *Oi! Get Off Our Train*

约翰·伯宁罕,《请让我留在火车上吧》

Jane Cutler, *The Cello of Mr.O*

简·卡特勒,《欧先生的大提琴》

Sarah Kilborne, *Peach and Blue*

萨拉·齐博妮,《桃子和蓝蟾蜍》

Madonna, *Mr. Peabody's Apples*

麦当娜,《豆豆老师的苹果》

Patrick McDonnell, *The Gift of Nothing*

帕特里克·麦克道奈尔,《我把"没有"送给你》

Jon Muth, *The Three Questions*

琼·穆特,《尼古拉的三个问题》

Jon Muth, *Zen Shorts*

琼·穆特,《禅的故事》

Emily Pearson, *Ordinary Mary's Extraordinary Deed*

艾米莉·皮尔森,《小小玛丽不平凡》

Peter Reynolds, *The Dot*

彼得·雷诺兹,《点》

Peter Reynolds, *Ish*

彼得·雷诺兹,《味儿》

Sam Swope, *The Araboolies of Liberty Street*

山姆·史沃普,《住在自由街的阿拉布里人》

Shaun Tan, *The Red Tree*

陈志勇,《绯红树》

Melanie Watt, *Scaredy Squirrel*

梅兰尼·瓦特,《小嘀咕的幸福生活》

Margaret Wild, *Fox*

玛格丽特·维尔德,《狐狸》

Troy Wilson, *Perfect Man*

特洛伊·威尔森,《完美的人》

3.制作一个书箱

我总是在工作坊里强调，为你的学校制作书箱并不是必需的。然而，这些书箱确实会简化教师的工作。这一项目成功与否与我提供的书单没有直接关系，关键由策略本身决定。作为教师，我们的图书收藏量往往会逐年递增。阅读力藏书可以简单地以教师个人的收藏作为起点，学校图书馆也是收集资料的宝贵资源。

与其他阅读理解教学项目相比，阅读力教学法的一个独特之处在于它与文学作品的结合；而对于教师个人而言，阅读力教学法的独特之处也部分地体现在由他们所挑选的、用于示范和课堂练习的图书上。教师们需要挑选最适合本校情况的图书——同时也适合于学生的年龄和兴趣——并把这些书添加到他们自己的书箱中。向书箱中加入你自己最爱的图书，会提升你和你的学生们的兴趣以及对每一种阅读力的理解。

关于图书收藏，这里给出了一些小贴士：

- 使用本书每一章末尾的书单作为起点。你不需要购买单子上的每一本书，只需从每一个主题中选几本，确保每一个书箱内主题的多样性即可。
- 示范用书（精品图书）：针对每一种阅读力配备三四本图书，仅供教师使用。
- 学生独立练习用书：理想情况下，每个学生一本或者两人一本（15—30本书）。
- 这些书不用按难度分级，但应该尽可能包含不同阅读难度的图书。
- 一箱书花费300—400美元，具体将取决于你有多精明以及这些书是精装还是平装。

> 我们发现有扣盖的整理箱是最好的书箱。我们为每一个书箱标注对应策略的名字，在盖子的内壁贴上书单，便于教师查找。每本书都被标注了一个策略代码：C代表联结，Q代表提问，等等。

- 每个书箱内应该附一张清单——贴在盖子的内壁或是放在书箱的底部，这样教师可以在还书或是把书箱交给下一位教师时很快理清存书。
- 书箱应该有盖子，便于存放。
- 每个书箱上应该清晰地标明该书箱所针对的阅读力策略。
- 书箱应该放在特定的地方，并且有登记系统，方便教师们查找。

如果你的学校决定制作阅读力书箱，以下是一些关于如何找到你所在地区最好资源的建议：

- 学乐图书博览会（Scholastic Book Fairs）及每月的学乐图书俱乐部。
- 公共图书馆常常会举办年度图书展销会，在那里你可以用非常合理的价格买到品相不错的图画书。
- 二手书店——常常拥有等待被发现的珍宝！
- 网络书店。
- 如果你在找某本特定的书，可以搜索二手书店。
- 别忘了本地书店和购物中心的清仓活动。

如果你的学校决定不做阅读力书箱，以下是一些替代方案：

- 使用学校图书馆。
- 请一位教师兼图书管理员整理图书，为每一种阅读力策略做一个书架。
- 请一位教师兼图书管理员在适合的图书书脊上对应每种阅读力标注C、Q、V、I或T，这样教师和学生可以很快地找到它们。
- 带着阅读力书单去公共图书馆，

乌尔夫小学的教师兼图书管理员温迪·卡梅隆在她的图书馆里专门设置了一个阅读力书架，这样教师可以轻易地找到每种策略对应的图书。

然后借出足够在你们班级里做一个临时书箱的书籍。

- 使用你自己的班级图书收藏，然后用阅读策略标注那些适合的书籍。

四、阅读力教学

1.示范

我总是在研讨会上对教师们说，阅读力模型和阅读力书箱不是必需的，这个项目取得成功的关键是他们的教学实践。

我们绝不能想当然地假设学生认识到了他们的理解力。阅读力模型有助于回答这样一个问题："思考看起来是什么样子的？"但只有教师可以帮助他们回答另一个问题："思考听起来是什么样子的？"如果我们想要帮助学生们成为更好的阅读者，我们需要向他们展示一个好的阅读者看起来、听起来甚至思考起来是什么样。我试图在研讨会上示范它，这并不困难，而有些教师做起来比另外一些更顺手，但一旦学生们看见和听见他们的教师大声朗读和有声思考，他们对阅读理解就有了真切的体验。

> 我们有两种声音——讲话的声音和思考的声音。思考的声音是存在于你脑中的声音，也是好的阅读者在阅读时所关注的、可以帮助他们更好理解文本的声音。

我是在全语言教学法流行的时候读的大学。我学会了做一名课堂里的"推动者"和"观察者"。我学会了如何使用多种一览表来进行评估，以及如何通过小组学习和以"需求导向"为基础来教学，从而满足学生的需求。我不记得学过如何去进行大量的教学实践，也不记得有哪个教师做过更多详尽的讲授。

当我教我五岁的儿子如何系鞋带时，我不会用嘴告诉他如何做，我向他展示如何做——展示了不止一次，而是很多很多次。然后他试着自己系并进行练习——不止一次，而是很多很多次。一种新的技能，不论是系鞋带还是理解性阅读，都需要以同样的方式去教授。

我向我的学生们解释说：

> 我们有两种声音：讲话的声音和思考的声音。讲话的声音是当我们说话时别人听到的声音，而思考的声音是存在于我们的大脑中，别人听不到的声音。当我们默读时，我们讲话的声音其实是无声的，但我们思考的声音需要非常非常的响亮。

你需要将思考这件事情变得可见和具体，而这有许多不同的方式来实现。阅读时在某些书页上贴便利贴是一个标注你的“思考的声音”的方式。南地小学的教师约翰·戴尔用了一个很棒的方法来向他的学生展示他何时正在使用思考的声音。他把剪下来的大大的白色对话框和思维框分别贴在尺子上（参见第42页的模板）。每当他用讲话的声音读一本书的时候，他举起对话框，而当他向学生解释他思考的声音在讲些什么的时候，他举起思维框。

> 教师一天中有许多的机会可以示范他们的思考，这并不限于正式的课程，我建议你可以在朗读、指导性阅读或是整班阅读的时候找一些时机，暂停一下，简单地说：“当我读到这个部分的时候，我开始想……”

正是思考的声音帮助一个阅读者理解他们所读的东西。在我的所有示范课上，当我第一次介绍一种新的阅读策略时，我会仔细地向学生解释我将要做的一切：

> 今天我要给你们朗读这个故事，并使用我的声音。但每当我的思考的声音做了一次联结（或是提了一个问题，或是在我脑子里画了一幅图，等等），我会停止阅读，告诉你们我在想什么。这就叫作“大声朗读/有声思考”。

曾经有教师对我说，这些大声朗读/有声思考占用了太多的时间。是的，的确如此，这比单纯地读故事耗时要长得多，但我深信投入的这些时间是值得的。在介绍一种策略的时候，花时间做大声朗读/有声思考非

> “我跟自己辩论，你正在讲故事，而你应该是来教课的。我就是在教课。讲故事就是教课。”——法兰克·麦考特《教书匠》

> 我知道我不会在余下的一年内都这么阅读，但当我介绍一种新策略给学生的时候，让学生感知我的思考是很重要的。

常重要，但你不会永远以这种方式进行朗读——这是你向你的学生展示如何“系鞋带”的过程。如果你不向他们展示，他们最后会被这些文本“绊倒”，一知半解或者什么都没读懂。

有些教师担忧这样做可能会引起“分心”。每读几页就要停下来告诉学生你在想什么，这会分散注意力吗？是的，可能会，但请记住这节课的目的。我的目的不在于读完后问学生关于文本内容的问题，这节课的目的是示范我是如何思考的。

一旦学生看到你在做什么，他们就会情不自禁地想要加入，这会导致占用太多的时间。很重要的一点是，要让学生知道，你在做示范的时候，那是属于你的时间：

> 在未来的几天里，我会示范我的思考。我在做示范的时候，这意味着轮到我来分享我的思考之声。

> “噢，我现在懂了。这就像是读你的内心。”——学生

我们解决这个问题的方法之一是“安静联结竖拇指”——如果孩子们在你阅读时做了一次联结，他们可以竖起大拇指来让你知道，而不会打断你的示范课程。大多数情况下，这种方法都很有效，除非个别学生在你阅读时不断地在你面前挥舞着双手拇指画大圈！在研讨会上，有位教师告诉我，她在一个学前班代课的时候，学生在她阅读时全站了起来，并在他们的头上做出奇怪的“驴耳朵”手势。她被这种奇怪的反应震惊了，问他们在做什么。“我们在做联结，”一个学生解释道，“我们的大脑在运动！”

2.阅读力教学的四个步骤

(1) 教师示范

教师讲解，演示，大声朗读/有声思考，“思考的声音——讲话的声音”。

（2）**在教师指导下练习**

教师和学生共同进行小组练习。

（3）**独立练习**

学生在教师指导下自行练习。

（4）**运用**

体验真正的阅读和写作。

> 有意识地将阅读和思考的语言整合到你的课堂里是帮助你的学生成为有策略的思考者的要素。

“阅读教学的四个组成部分”是以大卫·皮尔森提出的对学生渐进式放权的模型作为基础，每一个部分都很重要，但没有哪一部分比第一个步骤——教师示范更加重要。反复示范朗读时的“思考的声音”对于教授每一条新策略都是至关重要的。我们绝不应预想孩子们在自己阅读时已经听到了他们头脑中的“那种声音”，他们需要看见和听见你阅读时的内在的声音，从而激活他们自己的声音。

教师们常常会问：“我需要示范多少次？”当你第一次介绍某种阅读力时，你至少需要用两三本不同的书或是两三天的时间来详尽地示范你的思考。之后，继续在你阅读时示范你的思考，但不用做到第一堂概论课时的那个程度，只要停顿一两次来分享你的思考即可，无须从头到尾地分享。我清楚地记得在我教授阅读力的第一年，我示范联结达数周之久。在长篇朗读过程中，我不断地停下来，分享故事让我想起的那些关于我自己的生活的事，孩子们对我的做法表现得很有礼貌。许多天之后，小克里斯蒂安举手说：“啊，吉尔小姐——我们懂了。”我可能把“渐进式放权”的过程弄得有点缓慢，但我宁可听到一个“我们懂了”而不是二十个“我没弄明白”。

到第二个步骤，指导性练习，学生们需要以班级或小组为单位，由教师进行指导，学习并使用该策略的术语。这些策略术语会在你的指导性阅读课程中得到强化。到独立练习阶段，孩子们已经准备好用他们自己的书来练习阅读力策略了。在指导性练习阶段，有一点很重要，那就是教师要给学生机会，让他们彼此分享他们的思考。讨论会帮助孩子们理清他们的想法，增强他们的理解，帮助他们把观点变得更具体。理解从交谈中来。

> “交谈是批判性思考的基础，它训练学生将认知策略串联起来，这将为阅读、写作和思考奠定基础。”——安·凯奇《阅读教师》

最后，我们所有的教学目标都是要让学生可以在各种阅读情况下运用他们的所学。在第一年教授阅读力的时候，曾有过几个极端的案例。第一个是卡门，劳拉·西科德学校一位三年级的学生。她所在的班级已经用了数周的时间学习建立联结。有一天下午，当她在读一本从图书馆借来的图书时，她悄悄走到她的教师跟前，疑惑地问：“我可以用图书馆的书建立联结吗？”很显然，她还没有领会“运用”这个概念！之后是凯文，一个一年级的小男孩，在图书馆听故事的时候，激动地在空中摆手。“凯文，”图书管理员问他，“你需要去厕所吗？”“不是！”凯文大叫，“我正在联结！”

由于具体教学在这一项目中的重要性，我把阅读力教学在课堂上可能的样子做出一个框架来呈现其大纲：

（1）**教师示范（第一周）**

- 介绍新的阅读力，使用阅读力模型（参见第18页），制定成为好的阅读者这一目标。
- 在学习每一种阅读力时尽可能多地使用“好的阅读者”这一用语。
- 每天从书箱中选一本书，用三到五天（具体取决于年级和学生对此策略的经验）进行示范。

- 朗读精品书：在读的时候，停下来，告诉学生你在想什么。
- 使用便利贴写下你的想法、联结、问题，等等，你停下来时直接把它们贴在书上。
- 开始用专门的阅读力代码来整理你的笔记。

（2）**在教师指导下练习（第二周）**

- 从书箱中挑一本书用于对全班或小组的指导性练习。朗读书中的故事，询问学生们的观点和想法，而不是告诉他们你的观点和想法。
- 分发便利贴，在你朗读时，让学生把他们的笔记贴在书上，从而标记他们的联结和提问等。
- 鼓励学生使用你示范过的代码。
- 支持学生，给予他们反馈并鼓励他们讨论。
- 给学生们机会分享彼此的思考。
- 通过指导性阅读课程强化策略。

（3）**独立练习（第三周到第四周）**

- 每天继续进行示范和指导性练习是很重要的。
- 学生单独或两人一组，使用便利贴和书箱中的图书进行练习。
- 有时可以让学生们与一位同伴一起大声朗读/有声思考，其余时间可以让他们默读/独自思考，之后与一位同伴分享。
- 在小组中或是在学生与教师的一对一面谈中讨论和分享想法。
- 学生们可以制作自己的图表，在日志中进行反馈，或是使用你提供的反馈单，从而将他们的思考延伸到写作之中。

对话框和思维框模板

姓名:____________________ 日期:____________________

对话框

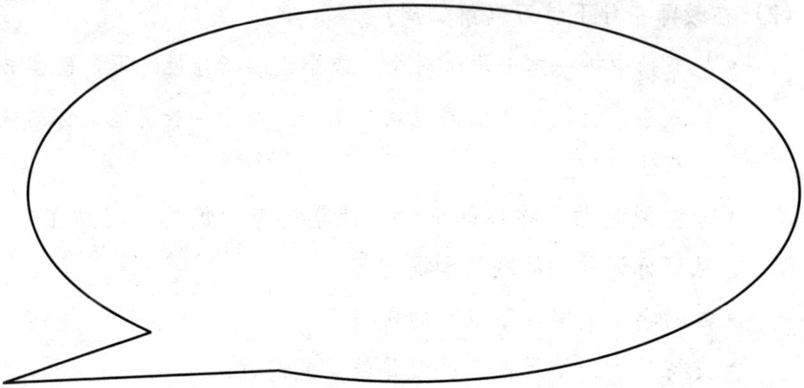

思维框

第三章　联结力

> “没有哪个故事会孤零零枯坐一旁。故事们有时候在街角相遇，有时候一个又完全涵盖了另一个，就像石子躺在河底。”——米奇·阿尔博姆《你在天堂里遇见的五个人》

我参加了一个图书俱乐部。当我们的阅读会接近尾声的时候，在丰富而有意义的讨论之后，在分享了影响我们的那些段落和让我们印象深刻的图画之后，在分析了作家的技法之后，会有一些书“偶然”地留存在我手中。我也把其他的一些书带回家，然后高兴地给我的姐姐或是朋友去传阅，丝毫不考虑把它们取回来的事。但有几本特定的从图书俱乐部带回来的书会被放到起居室书架专门的一层上。它们不会被其他人阅读——只是待在那里，被垂涎着。我过一段时间就会抚摸它们的书脊——我也会翻一翻书页——那些书已经成了我的珍宝。我常常想弄明白，为什么是这一些书，而不是另外的一些留在了我的书架上。孩子们常常会说他们喜欢某本书，那是因为“它好”。也许其真正含义是：“我与这本书联系在了一起。”我现在明白了，那些留在我书架上的图书之所以在那里，是因为我自己的生命故事在某种程度上被编织到这些故事当中，那些书不再是别人的故事——它们成了我的故事。

与文本产生联结的能力可能是孩子们最容易理解和掌握的策略了，

而它也是最强有力的一个策略。联结为其他所有的阅读策略的实现创造了路径。当一个阅读者开始将一个故事与自己的生活联系起来，这个故事就轻轻松松地变得更富意义。我们对自己的了解比任何其他事物都要多，所以透过我们自己的生活来看一个故事乃是“创造意义”的本质。让自己置身于正在阅读的书中，将我们的生活故事编织进我们的阅读中，这种理念真是颠扑不破的真理。教孩子们学习如何赋予文本属于自己的意义并不是要告诉他们去思考什么，而是要教他们如何思考。教孩子们去做联结的时候，我们所教的是去关注故事中那些触发他们自己生活中的感受、人物和地点的时刻、感受、人物和地点。阅读打开了在我们生活中退居幕后的回忆。

“你的生活是一个故事——只是它没有被写在纸上。”

在一次研讨会结束后，一位教师走过来对我表示感谢，她说我帮她解决了生活中一个最大的谜题——她从不喜欢从图书馆借书。她是一个热爱阅读的人，阅读已成为她生活中的一个习惯，但让她烦恼的是，她花了不少的钱买书。朋友们和同事们总是想知道为什么她不肯去图书馆借书，而宁愿买这么多书回家。她尝试过从图书馆借书，但还是更愿意买书。她一直不知道原因，直到听我谈到了联结。她意识到，当她阅读一本书时，这本书就成了“她的故事”，而在通过阅读体验了这种联结力之后，把书还给图书馆意味着要把她的生活与下一个可能过来借书的人分享。也许这是一个极端的例子，但很清晰地证明了联结力的存在。

当阅读者学习在阅读中做联结时：

- 故事让他们想起自己的经历。
- 他们的思维被回忆填满。
- 他们根据自己生活中的事件和人物来理解文本。

“书面上的文字只讲了一半的故事，另外的部分得由你来讲述。”——托妮·莫里森《作为艺术家的读者》

- 他们可以与故事中的图片、情节、人物和感受产生联结。
- 他们很可能阅读的是关于真实生活状态的图书，如家庭、友谊、学校、兄弟姐妹、宠物和假期，等等。

一、什么是联结力

在介绍联结策略时，我通常会告诉孩子们一些我自己深信的东西：

我的生活是一个故事，你的生活也是。它也许没有被写在纸上，但是，它确实是故事。让我们假装已经把自己的故事写在纸上了，它会是一本多厚的书呢？

（我举起手展示这本想象中的书有多厚。）

它可能是这么厚。那么在这个人生故事里会有些什么呢？是的，我的人生故事里会有我做过的每件事情，去过的每个地方，经历过的探险，遇到过的人和我学到的东西。我人生故事的每个章节都是开心的吗？会不会有些是伤心的、惊讶的、可笑的？如果是我那在九十三岁高龄过世的奶奶把她的人生故事写下来，她的书又会有多厚？如果在你上到七年级的时候呢？如果在你上学前班的时候呢？如果你在学前班，你的人生故事书可能还不是很厚，但你每做一件事情，都向其中加入一个新的章节。

> 当讨论人生故事储存在哪里的时候，提醒学生们记忆也储存在我们的心里。关于感受和情绪的联结通常比那些不关乎这些层面的联结更加有力和意义深远。

（用手展示不同的书的尺寸。）

在现实生活中，人们通常不会把他们的全部人生故事都写在纸上，那么他们把它们储存在哪里呢？在书桌里？在床底下？我们的人生故事储存在一个叫作大脑的神奇的地方。现在我的大脑大概是这么大。

（用手比画。）

是不是很神奇，我的整个人生故事就储存在这么小的地方？当我们阅读的时候，有些了不起的事情发生了：一些从书本故事里来的东西触发了我们自己人生故事里的回忆。当这种情况发生时，那就是联结——两个故事联系在了一起，其中一个来自文本，另一个来自我们的生活。

我们的生活经验深化和丰富了我们的人生故事，创造出供我们在阅读时汲取的“经验之泉”。不幸的是，不是所有孩子都带着丰富的人生故事来到我们跟前的。我们需要意识到这一点，并努力给他们一些能够成功进行联结的故事：关于学校、家庭、友谊、兄弟姐妹、换牙、生日聚会和宠物的故事。我们需要持续地示范我们自己的联结，也允许孩子们分享他们的。正如我们自己不会与读过的每一本书都发生联结一样，我们也不要期待我们的学生与每本书联结。如果一个孩子某天没有与某个故事建立联结，鼓励这个孩子与另一个故事去建立联结完全没问题。我们可以不断地示范我们的思考，鼓励他们对自己的联结变得更自信，以此来缓缓地推动他们朝我们希望的方向去做。

> “你对自己比对任何其他人都要更了解，所以如果你能够学着把自己放进你所阅读的故事里，这将帮助你更好地理解这些故事。”

薇薇安，劳拉·西科德学校一名二年级的学生，是一个敏锐的联结者。在集体联结课上（参见第49页），她是最早把便利贴贴在书上的孩子之一。但在我为学生阅读了《富兰克林的新朋友》以后，她是唯一一个仍然把便利贴留在手中的学生。当我问她为什么还没有贴上她的便利贴时，她回答道：“我怎么能跟这本书建立联结呢？我又不是一只乌龟！”

> “建立联结不存在对或错。每一个人的人生故事都由不同的回忆构成，因为我们的人生本来就不相同。当我们阅读时，我们都会与故事中不同的事物产生联结，这是因为我们原本就不一样。”

让孩子们意识到每个人赋予文本的意义是不同的，这很重要，《C大调回旋曲》或《不一样的上学日》就是很好的例证。在读完一本这样的书后，我总会问学生们一个重要的问题："为什么屋子里的每个人明明听到同一段音乐（或读了同一个故事），但他们想到的是不一样的东西呢？为什么不是每个人都想的一样？"孩子们很快就能告诉我答案：因为我们都是不同的。正因为我们都是不同的，我们的生活故事也不一样，我们才会对阅读的书籍建立不一样的联结。不存在所谓正确的联结方式，能够触发一个人某种回忆的东西，可能其他人看了却无动于衷。另一方面，两个人可能对故事里的同一部分建立起联结，但却出于完全不同的原因。帮助孩子们理解并没有所谓正确的联结方式是第一步，使他们理解正是他们自己的经验和知识，而非任何别的东西，会帮助他们理解阅读的内容。

> "即使书籍可以包含更多，给予更多，成为更多，展示更多，它们依然需要读者，是读者带给它们声音、光以及所有不可能在书里的东西。书需要你。"——盖瑞·伯森《手斧男孩：一个人的冬天》

联结是孩子们能够掌握的最简单的策略之一，但我们需要注意，要引导学生们进行有意义的联结。当看到一幅狗的图片时，学生们会很容易说"我叔叔有条狗"，但这并不能提升学生的思考力和理解力。教师需要指导学生去做那些能够推动他们的思维发展的联结。

二、教会学生联结力

第一课（教师示范）：介绍联结力

- 参见第45—46页的"什么是联结力"。
- 阅读保罗·弗莱希曼的《C大调回旋曲》或是柯林·麦克诺顿的《不一样的上学日》。
- 提问："为什么在这本书里，当屋子里的每个人都听着同一段音乐时，他们想到的却不一样？"
- 讨论这一现象：尽管每个人都在听同一段音乐，每个人却想着不同的东西，因为每一个人都有不同的"人生故事"或者不同的经历。

- 讨论这个话题：上述现象跟我们阅读时所出现的情况是一样的——因为每个人都有不同的生活、回忆和经历储存在自己强大的大脑里，所以我们会建立不同的联结。你的人生故事会帮助你理解你所阅读的故事。

第二课、第三课（教师主导）：示范你的思考

- 找一本可以强烈引发你自己联结和记忆的图画书。
- 用这本联结书示范一次大声朗读/有声思考，使用便利贴，用代码C标注你的联结，或是用代码R标注“让我想起”。在某一页暂停，贴上你的便利贴，并示范使用以下用语：“这部分的故事让我想起了……”
- 在你示范时，如学生希望参与，可以采用“安静联结竖拇指”（参见第37页）的方式。
- 使用精品包中的图书，继续类似的课程至少两次。在示范时，尽量确保你对以下每一种内容都进行了联结：故事的一个部分，一幅图，一个人物和一种感受。

我的专属联结书，也就是我每次在第一堂联结课上用来做示范的书，是罗伯特·麦克洛斯基的《海边的早晨》，因为它让我想起了在梅恩岛与家人共度的暑假。这个故事里满满都是我童年的美好回忆，让人感觉写的就是我。一个出生在萨斯喀彻温省的教师使用的联结书是亨利·瑞普林格的《如果你不是来自大草原》。读这本书用去了她两天的时间，因为每一页都是一个她童年在农场里生活的故事。读写顾问约迪·卡森寻找了数周，终于找到了她的联结书：大卫·考尔·卡尔沙写的《赌博奶奶的故事》，因为这本书让她想起了她的祖母曾经每个周五晚上教她和她的妹

妹玩21点。也许你需要跑好几趟图书馆才能找到属于你自己的联结书，但你一旦找到，它会让你的第一堂课变得生动有力。学生们也许不会记得你读的故事，但他们一定会记得你讲的故事。

书名：《下雪天》 作者：E.J.季兹

这部分故事让我想起了……

当我在雪中从一道很大很大的山坡上滑下来时，我很高兴。那时我六岁。

二年级样本

第四课（在教师指导下的集体练习）：集体联结

- 从联结书箱中挑一本书进行朗读，让学生聆听所有的联结。
- 再读一遍这本书，让每个学生走上前来，在各自做出最好的联结或是思考的声音“最响亮”的那一页贴上一张便利贴（上面有学生的名字）。这时候不要让他们

> 你可以参考这堂课进行类似的集体联结练习，并让学生们在课后与同伴分享一个联结。选择一两对学生向全班示范他们的联结。

做分享，只是让他们在你读到那页的时候贴上他们的便利贴。

- 继续通过贴你自己的便利贴进行示范。
- 示范你希望学生们如何分享：“我在这一页……贴上了我的便利贴。这里让我想起了……”

> 与感受建立联结通常是最具挑战性的，因为感受往往是推测出来的，所以这正是你可以做示范的联结。

- 邀请学生与同伴交流分享他们的联结。当两人一组分享时，你巡视全班，聆听所有的联结。选择一对学生上前来示范他们的联结。你所选择的这对学生应该分享他们人生故事的一个“篇章”，而不是简单地陈述，如“这让我想起了我的弟弟”。
- 本课推荐图书包括：弗洛伦斯·帕里·海德的《吓人的事》，伯纳德·韦伯的《勇气》和芭芭拉·瑞德的《生日派对》。

> 同样的课程也可以在介绍其他与书本建立联结的方式时运用（参见第66页“扩展你的联结#2”）：
>
> 文本—自己：“这本书让我想起了发生在我身上的一件事。”
>
> 文本—文本：“这本书让我想起了我读过的另一本书。”
>
> 文本—世界：“这本书让我想起一些不仅仅对我个人，而且对世界上其他人产生影响的事情（如欺凌行为）。”

第五课、第六课（在教师指导下的集体练习）：扩展联结

- 制作一张大图表（参见第65页上的“扩展你的联结#1”），在全班进行展示。
- 对学生们解释，当我们阅读时，我们可以与书中的不同部分建立联结：故事的一部分、一幅图、一个人物，或是一种感受。
- 重复集体联结课（参见第49页）。在学生们都在书上贴上自己的便利贴后，解释一下你很快会把他们的便利贴还给他们。拿出大图表，告诉他们，你希望他们把便利贴贴在他们认为

今天做过该种联结的那一栏。用你的便利贴进行示范并解释你的思考。

姓名＿＿＿＿＿＿＿＿　日期＿＿＿＿＿＿＿＿

故事标题《大卫上学去》　我的生活

在这个故事里 大卫没有把注意力放在老师身上，是因为他在做白日梦。大卫做了这么多的白日梦。

这让我想起了云朵，让我觉得这些云是狗和猫，马和熊，我的哥哥几乎每天说我跟大卫一样疯。

一年级样本

第七至第九课（独立练习）：选择一本书

- 让每个学生从联结书箱中选择自己的图书，给每个人属于他们自己的便利贴。
- 请他们默读并用便利贴标注他们的联结。年长的学生可以在每一张便利贴上快速写下他们的联结，年幼的学生则简单地标注C和他们的姓名。

> 根据年级限定你给学生的便利贴数量：一年级学生可能有三张，而五年级有六张。

- 当学生完成阅读和标注后，他们可以找一位同伴相互分享自己的联结。
- 这堂课还可以这样进行，在学生标注完他们的联结后，与一位同伴交换图书，再使用不同颜色的便利贴在书上标注自己的联结。之后同伴之间可以分享和比较他们的联结。

第十至第十二课（独立练习）：通过写作扩展联结

- 解释书上的每一个便利贴是如何代表了一位学生生活的一个小篇章的。
- 选择你之前做过的一条联结，通过把它写在一张图表纸上——要有细节、姓名和感受——来示范如何将联结扩展为写作。
- 在学生独立阅读和标注他们的联结之后，让他们选择自己思考的声音“最响亮”的联结，将之扩展为写作。这可以通过写在日志里或者是使用模板来进行（参见第67—70页）。

> 鼓励学生找出自己和同伴都贴了便利贴、但产生的联结并不相同的一页，这种“双联结”也可以与全班分享。

> 至于评估方面，撕下的便利贴会成为你了解学生想法的一扇窗户，那可是无价之宝。

- 许多教师给学生们“阅读力笔记本”来进行这些延伸写作。学生可以把便利贴从他们读过的书上撕下来，贴在笔记本上，顶头写上书名和作者，然后选择其中一条联结写在这一页的背面。
- 规则：绝不要先把书放回书箱而“把你的思考抛到脑后”。在还书前必须把便利贴撕下来。

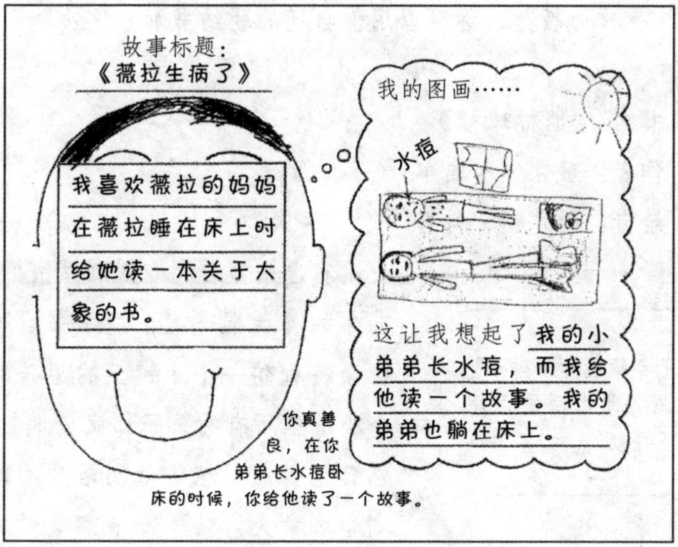

三年级样本

第十三课（独立练习）：寻找一本你自己的联结书

- 复习联结力的概念。
- 可以给年长的学生布置任务，让他们在学校或公共图书馆找一本属于自己的联结书。
  - 去图书馆选择你的专属“联结书”。
  - 写一写这本让你产生了强烈联结的图画书。
    1. 概述这个故事。
    2. 举例说明你是如何通过故事情节、图画、人物或是感受与这本书产生联结的。
    3. 解释你是否建立了“文本—自己”“文本—文本”“文本—世界”联结。给出例子。
    4. 解释为什么这本书对你如此特别。
  - 准备用你的“联结书”为全班做一次口头展示。
- 可以将图书与写下来的联结、学生的照片一起做陈列。

• 作为教师，你可以用你自己的联结书加入这次陈列。

书名：《曲棍球衫》

作者：霍克·卡瑞尔

绘者：谢尔顿·科恩

七年级教师卡蒂·麦考马克·亚当斯示范她的联结书。

我选来做自己专属联结书的是霍克·卡瑞尔的《曲棍球衫》这本书。这是一位住在蒙特利尔一个小镇上的男孩的故事。这个小镇里所有的孩子都疯狂地热爱曲棍球，整日想着曲棍球。他们最爱的球队是蒙特利尔加拿大人队，而他们最爱的运动员是莫里斯·理查德。这个男孩后来得到了一件新的曲棍球运动衫，但这件衣服并不是一件蒙特利尔加拿大人队的运动衫，而被错弄成了多伦多枫叶队运动衫。他的妈妈迫使他穿了这件衣服，但他的朋友和教练因此不许他打球了。

通过人物、故事情节和感受，我对这本书产生了很多的联结。这个主角让我想起了我的小弟弟皮特。皮特热爱曲棍球，对蒙特利尔加拿大人队的热衷也远胜其他队。就像男主角一样，如果他不得不穿一件多伦多运动衫，他一定会痛心疾首的。我也对故事情节产生了联结。这个故事显示曲棍球对于这个镇子是多么的重要，不管是参与打球还是通过收音机收听球赛，每个人都参与到曲棍球运动之中。这让我想起在哥伦比亚的成长经历，在那里人人都热衷曲棍球。我与这本书中传达的感受也产生了联结。它让我想起当蒙特利尔加拿大人队输球的时候我弟弟那种强烈的感受。书中男主人公在沮丧中摔坏了他的球杆，这让我想起了当我弟弟最爱的球队输球——特别是输给多伦多枫叶队时，他甚至会拍打电视机。

我对这本书做了“文本—自己”联结和“文本—世界”联结的两类分析。这本书让我想起自己童年的很多事情，也让我想起一个小镇上的居民，在他们的曲棍球队赢球或输球时是如何变得疯狂的。

这本书是我的专属联结书，因为当我阅读它时，它让我觉得我读到的是我自己的弟弟和我自己的小镇的故事。

第十四课：反思日志

让学生们记录他们关于这条新策略的想法和关于联结他们学到了什么。“在阅读时联结是如何帮助你更好地理解这个故事的？告诉我你的思考。”

> 联结
>
> 学习联结很有趣。我喜欢去找故事里那些感觉讲的就是我的部分。就像我们读《大卫，不可以》，那很好笑，就好像当我在做什么的时候，我妈妈说：“马修，不可以！”联结又酷又好玩，还帮助我的大脑保持忙碌，忙碌，忙碌！

其他联结课

- 向学生介绍不同的联结代码：T-S（文本—自己），T-T（文本—文本），T-W（文本—世界）。参见第66页图表。
- 让年长的学生对同伴朗读一本联结书，然后分享联结。
- 让学生在读图书馆的书时做联结。
- 让学生和父母在做家庭阅读时或是在学生主导的会议中用同一本书标注联结。

三、有关联结力的推荐书目

P=学前班至三年级[①]
I=四到七年级
SR=社会责任
A=原住民

用于示范大声思考和指导性练习的精品书

如果希望学生理解什么是联结，我们需要向他们展示联结看起来是什么样的。在解释联结的力量对他们理解文本至关重要这一点时，花些时间示范你的思考的声音。这些书是提供给教师来示范大声阅读/大声思考的。从书单中选择两三本——每一本针对一堂单独的示范课，然后再有两三本用于指导集体联结（参见第49页）。

家庭/兄弟姐妹

Judy Blume, *The Pain and the Great One*（I）
朱迪·布鲁姆,《讨厌鬼和好孩子》
Debi Gliori, *My Little Brother*（P，I）
德比·格里欧瑞,《我的小弟弟》
Shirley Hughes, *The Trouble with Jack*（P，I）
雪莉·休斯,《麻烦的杰克》
David McPhail, *Sisters*（P）
大卫·麦克菲尔,《姐妹》
Patricia Polacco, *My Rotten Red-Headed Older Brother*（I）
派翠西亚·波拉蔻,《我的红发臭老哥》
Barbara Reid, *The Party*（P，I）
芭芭拉·瑞德,《生日派对》

感受

Catherine Anholt & Laurence Anholt, *Good Days, Bad Days*（P）
凯瑟琳·安荷特、罗伦斯·安荷特,

① 作者此处对于年级的划分是加拿大温哥华学区的情况，据作者介绍，该学区的小学（Elementary School）包括学前班到七年级，高中（High School）则是从八年级到十二年级。书中P=primary对应小学学前班至三年级，而I=intermediate，对应小学四年级至七年级。——译者注

《好日子，坏日子》

Catherine Anholt & Laurence Anholt, *What Makes Me Happy*（P）

凯瑟琳·安荷特、罗伦斯·安荷特，《我为什么快乐？》

Janan Cain, *The Way I Feel*（P）

亚南·该隐，《猜猜我在想什么》

Nancy Carlson, *There's a Big Beautiful World Out There!*（P）

南希·卡尔森，《外面的世界很精彩！》

Vicki Churchill, *Sometimes I Like to Curl Up in a Ball*（P）

维奇·切尔齐尔，《我是小袋袋》

Eugenie Fernandes, *A Difficult Day*（P）

尤金妮亚·费尔南德斯，《难熬的一天》

Florence Parry Heide, *Some Things Are Scary*（P, I）

弗洛伦斯·帕里·海德，《吓人的事》

Patricia McLachlan, *All the Places to Love*（P, I）

派翠西亚·麦克拉克伦，《心之所系》

Todd Parr, *It' Okay to Be Different*（SR）（P）

托德·帕尔，《不一样没关系》

Bernard Waber, *Courage*（P，I）

伯纳德·韦伯，《勇气》

友谊

Paulette Bourgeois, *Franklin's Secret Club*（P）

波莱特·布尔乔亚，《富兰克林的神秘俱乐部》

Kathryn Cave, *That's What Friends Do*（P）

凯瑟琳·凯芙，《朋友就是这样的》

Kevin Henkes, *Chester' Way*（P, I）

凯文·亨克斯，《查斯特的方式》

Rebecca Jones, *Matthew and Tilly*（SR）（I）

丽贝卡·琼斯，《马修和蒂利》

Sam McBratney, *I' Sorry*（SR）（P）

山姆·麦克布雷尼，《对不起》

William Steig, *Amos and Boris*（SR）（I）

威廉·史塔克，《小老鼠和大鲸鱼》

失去至爱

Aliki, *The Two of Them*（P, I）

阿丽奇，《他们俩》

Tomie DePaola, *Nana Upstairs and Nana Downstairs*（I）

汤米·狄波拉，《楼上外婆和楼下外婆》

Judith Viorst, *The Tenth Good Thing about Barney*（P, I）

朱迪思·维奥斯特，《巴尼的第十个优点》

回忆

Jamie Lee Curtis, *When I Was Little: A Four Year Old's Memoir of Her Youth*（P, I）

洁米·李·柯蒂斯,《我小时候:一个四岁孩子的回忆》
Cynthia Rylant, *Birthday Presents*(P, I)
辛西娅·赖兰特,《生日礼物》

学校

Ashley Bernard, *Cleversticks*(P)
阿什利·伯纳德,《神奇的筷子》
Phil Roxbee Cox, *Don't Be a Bully Billy*(P,I)
菲尔·洛克斯比·考克斯,《别欺负人,比利!》
Mary Ann Fraser, *I.Q. Goes to School*(P, I)
玛丽·安·弗雷泽,《I.Q.去学校》
Kevin Henkes, *Lily's Purple Plastic Purse*(P, I)
凯文·亨克斯,《莉莉的紫色小包》
Helen Lester, *Me First*(SR)(P)
海伦·莱斯特,《我先,我先》
Margaret McNamara, *The Playground Problem*(SR)(P)
玛格丽特·麦克纳马拉,《操场的难题》
Peggy Rathmann, *Ruby the Copycat*(P, I)
佩吉·拉斯曼,《爱模仿的露比》
Alexis O'Neill, *The Recess Queen*(P, I)
艾莉克斯·欧尼尔,《珍妮小霸王》
Vera Rosenberry, *Vera's First Day of School*(P)
薇拉·罗森贝里,《薇拉上学第一天》
Amy Schwartz, *Things I Learned in Second Grade*(P)
艾米·施瓦兹,《我二年级学会的事》
Laura Simms, *Rotten Teeth*(P, I)
劳拉·西姆斯,《烂牙》
Rosemary Wells, *Timothy Goes to School*(P, I)
罗斯玛丽·威尔斯,《蒂莫西上学去》

自我认同,自我表达

Anthony Browne, *Things I Like*(P)
安东尼·布朗,《我喜欢的一切》
Margaret Chodos- Irvine, *Ella Sarah Gets Dressed*(P)
玛格丽特·乔多斯-欧文,《艾拉·莎拉打扮好了》
Tomie Depaola, *Oliver Button Is a Sissy*(P, I)
汤米·狄波拉,《奥利弗是个娘娘腔》
Don Gilmor, *When Vegetables Go Bad*(P, I)
唐·吉尔摩,《所有蔬菜都坏啦》
Sue Heap, *Red Rockets and Rainbow Jelly*(P)
苏·希普,《红色火箭和彩虹果冻》
David Shannon, *David Gets in Trouble*(P, I)
大卫·香农,《大卫惹麻烦》
David Shannon, *No David!*(P, I)

大卫·香农,《大卫,不可以》

Kathy Stinson, *Red is Best*（P）

凯西·斯蒂森,《红色最棒》

Charlotte Zolotow, *William's Doll*（P, I）

夏洛特·佐罗托,《威廉的洋娃娃》

P=学前班至三年级
I=四到七年级
SR=社会责任
A=原住民

用于独立练习的图书

一旦学生看了你的联结示范并在群体中进行练习之后，他们就已经准备好选择自己的书，独立地进行联结练习了。从下面的书单中挑选一些适合在你的班上用作联结书的图书，一定要包含下面提到的各类主题。

家庭/兄弟姐妹

Malka Drucker, *Grandma' s Latkes*（I）

马尔卡·德鲁克,《奶奶的土豆饼》

Becky Edwards, *My Brother Sammy*（P, I）

贝基·爱德华兹,《我的弟弟萨米》

Stephen Gammell, *Ride*（I）

史蒂芬·甘默尔,《坐车》

Kevin Henkes, *Julius, Baby of the World*（P, I）

凯文·亨克斯,《我的弟弟朱利叶斯》

Atoshi Itaya, *Buttons and Bo*（P）（SR）

板谷智,《巴顿和小博》

Lewis Rob, *Brothers and Sisters*（P）

刘易斯·罗博,《兄弟姐妹》

Jean Little, *Emma's Yucky Brother*（P, I）

简·李陀,《艾玛的臭小弟》

Iris Loewen, *My Kokum Called Today*（P）（A）

艾瑞斯·洛文,《祖母来电》

Larry Loyie, *As Long As the Rivers Flow*（I）（A）

拉里·洛耶,《河水奔流》

Laura Numeroff, *What Mommies Do Best*（P）

劳拉·努梅罗夫,《妈妈做啥最最棒》

Laura Numeroff, *What Daddies Do Best*（P）

劳拉·努梅罗夫,《爸爸做啥最最棒》

Plain Ferguson, *Eagle Feather: An*

honour（P, I）（A）
普雷恩·弗格森，《雄鹰之羽：荣耀之羽》
Laurie Sears, *Ian's Walk: A Story about autism*（I）
劳里·西尔斯，《与伊恩一起散步：一个关于自闭症的故事》
Kathy Stinson, *Mom and Dad Don't Live Together Anymore*（P, I）
凯西·斯蒂森，《爸爸妈妈分开了》
Judith Viorst, *The GoodBye Book.*（P, I）
朱迪思·维奥斯特，《再见书》
Judith Viorst, *Super-Completely and Totally the Messiest*（P, I）
朱迪思·维奥斯特，《超级无敌脏乱小妹》

友谊

Margot Austin, *A Friend for Growl Bear*（P）
玛戈特·奥斯汀，《吼吼熊找朋友》
Paulette Bourgeois, *Franklin is Bossy*（SR）（P）
波莱特·布尔乔亚，《小乌龟富兰克林系列·小霸王富兰克林》
Paulette Bourgeois, *Franklin's New Friend*（P）
波莱特·布尔乔亚，《小乌龟富兰克林系列·富兰克林的新朋友》
Paulette Bourgeois, *Franklin Plays the Game*（P）
波莱特·布尔乔亚，《小乌龟富兰克林系列·富兰克林的足球赛》
Joyce Champion, *Emily and Alice, Best Friends*（P, I）
乔伊斯·香宾，《艾米莉和爱丽丝——最好的朋友》
Lindsey Gardiner, *Not Fair, Won't Share*（SR）（P）
琳赛·加德纳，《不公平，不分享！》
Helme Heine, *Friends*（P）
赫尔姆·海涅，《朋友》
Kevin Henkes, *Chrysanthemum*（P, I）
凯文·亨克斯，《我的名字克丽桑丝美美菊花》
Kevin Henkes, *A Weekend with Wendell.*（P, I）
凯文·亨克斯，《和温德尔共度周末》
Leah Komaiko, *Earl's Too Cool for Me*（P, I）
利亚·柯麦科，《对我来说厄尔太酷了》
Trudy Ludwig, *My Secret Bully*（SR）（I）
特鲁迪·路德维希，《暗中欺负我的家伙》
A. M.Monson, *Wanted: Best Friend*（P）
A·M·蒙森，《征友启事》
Haiwyn Oram, *What's Naughty?*（P, I）
海因·欧瑞，《啥是淘气？》
Peggy Rathman, *Bootsie Barker Bites*（SR）（P, I）

佩吉·拉特曼,《咬人大王布奇奇》

Michael Rosen, *This is Our House*（P）

迈克尔·罗森,《这是我们的家》

Ulana Snihura, *I Miss Franklin P. Shuckles*（P, I）

乌拉那·斯尼胡拉,《我想念弗兰克林·P·夏寇斯》

Judith Viorst, *Rosie and Michael*（P, I）

朱迪思·维奥斯特,《萝丝和迈克尔》

Charlotte Zolotow, *The Unfriendly Book*（SR）（I）

夏洛特·佐罗托,《不友好的书》

感受

Molly Bang, *When Sophie Gets Angry*（P, I）

莫莉·卞,《菲菲生气了》

Cari Best, *Shrinking Violet*（I）

卡里·贝斯特,《害羞的维奥莱特》

Paulette Bourgeois, *Franklin's Bad Day*（P）

波莱特·布尔乔亚,《小乌龟富兰克林系列·想朋友了怎么办》

Nancy Carlson, *I Like Me!*（P）

南希·卡尔森,《我喜欢自己》

Earl Einarson, *The Moccasins*（P, I）（A）

厄尔·埃纳生,《鹿皮鞋》

Jules Feiffer, *I Lost My Bear*（P, I）

朱尔斯·费弗,《我的小熊丢了》

Rachna Gilmore, *A Screaming Kind of Day*（P, I）

瑞琪娜·吉尔摩,《惊声尖叫》

Patricia Godwin, *I feel Orange Today*（P）

帕特丽夏·戈德温,《橙色心情》

Kevin Henkes, *Wemberly Worried*（P, I）

凯文·亨克斯,《我好担心》

Cathryn Clinton Hoelwarth, *The underbed*（P, I）

凯瑟琳·克林顿·霍尔沃兹,《床底下》

Susan Hood, *Bad Hair Day*（P）

苏珊·胡德,《糟糕的一天》

Jana Novotny Hunter, *I Have Feelings*（P）

加纳·诺沃特尼·亨特,《我的感觉》

Tom Lichtenheld, *What Are You So Grumy About?*（P, I）

汤姆·利希滕黑尔德,《你在气什么？》

Miriam Monnier, *Just Right*（P）

米里亚姆·莫尼尔,《刚刚好》

Joanne Brisson Murphy, *Feelings*（I）

乔安妮·布里森·墨菲,《感觉》

Vera Rosenberry, *When Vera Was Sick*（P, I）

薇拉·罗森贝里,《薇拉生病了》

Karl Ruhmann, *But I Want To!*（P, I）

卡尔·陆曼,《我就要！》

St. Anthony Catholic School Students, *When I'm Scared*（P, I）

圣·安东尼天主教学校学生,《当我害怕的时候》

Dr. Seuss, *My Many Colored Days*（P）
苏斯博士，《多彩的日子》
Kathy Stinson, *Big or Little*（P）
凯西·史汀森，《大小孩托比》
Judith Viorst, *Alexander and the Terrible, Horrible, No Good, Very Bad Day*（P, I）
朱迪思·维奥斯特，《亚历山大和倒霉、烦人、一点都不好、糟糕透顶的一天》
Audrey Wood, *Quick as a Cricket*（P）
奥德雷·伍德，《和蟋蟀一样快》

失去至爱

Jonathon London, *Liplap's Wish*（P, I）
乔纳森·伦敦，《利普莱普的心愿》
Hans Wilhelm, *I'll Always Love You*（P, I）
汉思·威尔罕，《我永远爱你》

学校

Maribeth Boelts, *When It's the Last Day of School*（I）
玛丽贝丝·波茨，《在学校的最后一天》
Nancy Carlson, *Loudmouth George and the Sixth-Grade Bully*（SR）（I）
南希·卡尔森，《大嘴乔治和六年级恶霸》
Phil Roxbee Cox, *Give That Back, Jack!*（P, I）
菲尔·洛克斯比·考克斯，《还回去，杰克》
Tomie DePaola, *The Art Lesson*（P, I）
汤米·狄波拉，《艺术课》
Robie H.Harris, *I Am NOT Going to School Today*（P）
罗比·哈里斯，《今天不上学》
Stephen Krensky, *My Teacher's Secret Life*（P, I）
史蒂芬·克兰斯基，《我老师的秘密生活》
Kathryn Lasky, *Show and Tell Bunnies*（P）
凯瑟琳·拉斯基，《讲给兔子听》
Megan McDonald, *Insects Are My Life*（SR）（P, I）
梅根·麦克唐纳，《爱虫如命》
Harry G. Allard, *Miss Nelson Is Missing*（P, I）
哈利·阿拉德，《尼尔森老师不见了！》
Phyllis Reynolds Naylor, *King of the Playground*（SR）（P, I）
菲琳丝·雷诺兹·那勒，《游乐场之王》
Jacqueline Rogers, *Tiptoe into Kindergarten*（P）
杰奎琳·罗杰斯，《踮起脚尖走进幼儿园》
Cynthia Rylant, *"Slower Than the Rest"* in *Every Living Thing*（I）
辛西娅·赖兰特，"每种生物"中的

《比别人都慢》

Amy Schwartz, Annabelle Swift, *Kindergartner*（P）

艾米·施瓦茨,《幼儿园阿姨——安娜贝拉·斯威夫特》

David Shannon, *David Goes to School*（P,I）

大卫·香农,《大卫上学去》

回忆

Joseph Bruchac, *Fox Song*（I）（A）

约瑟夫·布鲁查克,《狐狸之歌》

Mem Fox, *Wilfred Gordon Macdonald Partridge*（I）

梅·福克斯,《威尔弗雷德·戈登·麦克唐纳·帕特瑞奇》

Bill Martin Jr., *Knots on a Counting Rope*（I）

比尔·马丁,《计数绳上的结》

Cynthia Rylant, *When I Was Young in the Mountains*（P,I）

辛西娅·赖兰特,《山中旧事》

自我认同，自我表达

Roch Carrier, *The Hockey Sweater*（P,I）

洛克·卡里尔,《曲棍球衫》

Karen Beaumont, *I Like Myself*（P）

凯伦·博蒙特,《我喜欢我自己》

Becky Edwards, *My Cat Charlie*（P,I）

贝姬·爱德华兹,《小猫查理》

Ian Falconer, *Olivia*（P,I）

伊恩·福尔克纳,《奥莉薇》

Kevin Henkes, *Owen*（P,I）

凯文·亨克斯,《阿文的小毯子》

Mary Hoffman, *Amazing Grace*（P,I）

玛丽·霍夫曼,《了不起的格蕾丝》

Robert Kraus, *Leo the Late Bloomer*（P,I）

罗勃·卡鲁斯,《阿虎开窍了》

Helen Lester, *Hooway for Wodney Wat*（SR）（P）

海伦·莱斯特,《乌狄尼·沃特万岁》

Ellen Levine, *I Hate English*（P,I）

艾伦·莱文,《我讨厌英语》

Anthony Lishak, *Marlene's Magic Birthday*（P,I）

安东尼·李萨克,《马琳的魔法生日》

Jean Little, *Hey World, Here I Am!*（I）

简·李陀,《嗨，世界，我来了！》

Robert McCloskey, *One Morning in Maine*（P,I）

罗伯特·麦克洛斯基,《海边的早晨》

Miriam Moss, *Wibble Wobble*（P）

米里亚姆·摩斯,《摇摇晃晃》

Esther Sanderson, *Two Pairs of Shoes*（P,I）（A）

埃斯特·桑德森,《两双鞋》

Gilles Tibo, *Shy Guy*（P,I）

吉尔斯·迪波,《害羞的家伙》

Judith Viorst, *Earrings*（P, I）
朱迪思·维奥斯特，《耳环》

Judith Viorst, *If I Were in Charge of the World and Other Worries*（I）
朱迪思·维奥斯特，《假如由我掌控这个世界及其他烦恼》

Bernard Waber, *Ira Sleeps Over*（P, I）
伯纳德·韦博，《艾拉借宿》

Ian Wallace, *Chin Chang and the Dragon's Dance*（I）
伊恩·华莱士，《钱强和舞龙》

John Wallace, *Tiny Rabbit Goes to a Birthday Party*（P）
约翰·华莱士，《小兔子参加生日宴会》

Rosemary Wells, *Shy Charles*（P）
罗斯玛丽·威尔斯，《害羞的查尔斯》

Pat Zonta, *Jessica's X-Ray*（P, I）
帕特·钟塔，《杰西卡的X光》

扩展你的联结#1

姓名：______________________　　　　日期：______________

与……联结

故事	图画	人物	感受

扩展你的联结#2

姓名：________________　　日期：________________

文本—自己（T-S）	文本—文本（T-T）	文本—世界（T-W）

……与我们自己	……与其他图书	……与世界

和故事做联结

姓名：________________　　日期：________________

故事标题：________________________________

故事　　　　　　　　　　我的生活

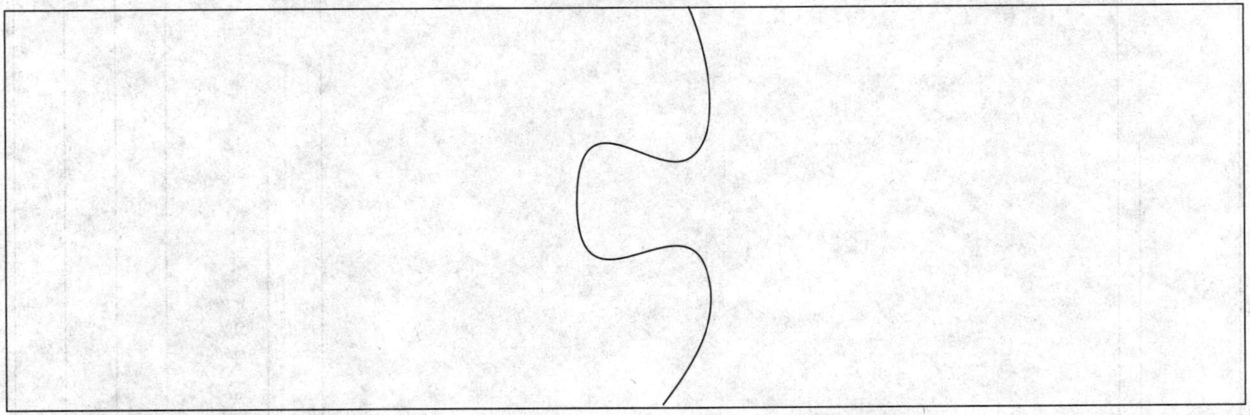

在这个故事里，________________　　这让我想起了________________

建立联结#1

姓名:________________　　日期:__________

书名:________________　　作者:__________

这部分故事让我想起了……

建立联结#2

姓名：________________　　日期：____________

故事标题：______________________________

建立联结#3

姓名:________________ 日期:__________

> **好的阅读者**在阅读时建立**联结**。我们读一个故事时，它会让我们每个人想起不同的事情。这种**想起**也叫作**联结**。阅读使我们想到发生在我们生活里的事情。

书名:________________________________

作者:________________________________

我做的这个**联结**……

____

____

____

____

____

____

____

____

____

____

____

____

第四章 提问力

我读七年级的时候，我们每周有两次阅读。我们班的阅读就是读SRA[1]工具箱里的故事，那是一个好看的齐整的盒子，里面是满满的闪亮的色卡。每一张卡片上半部分有一幅狭窄的黑白图画，下半部分是故事，背面是十个问题。故事按颜色分级，我们依次完成一个颜色中的每一个故事，然后进入下一个颜色。如果我记得没错的话，位于盒子前列的、属于最低阅读难度的颜色都是黯淡的颜色，配上并不悦耳的名称：棕褐色、赤褐色、灰色、芥末色。而盒子里越往后的颜色则讨人喜欢得多：绛红色、海蓝宝色、金黄色。

周二和周四下午的阅读是这样的：一次安排一组学生，让他们一个个走到SRA工具箱前，选择卡片。之后回到座位上默读这个故事，然后在笔记本上用完整的句子回答这十个问题。完成后，把笔记本交到老师那里去批阅。教师批阅答案，如果我回答正确，她会大声地盖上图章，然后向全班宣布我进步到达的颜色："阿德丽安·吉尔进展到了芥末色第三张！"每个人都会停下工作，看着我骄傲地走回SRA工具箱并更换我的色卡，然后我坐回桌前再一次进行这个过程。如果你走到老师的桌

① SRA 是 Standardized Reading Assessment 的缩写，意为标准化阅读评测。——译者注

> “答案真的并不重要，重要的是了解所有的问题。”——Z. K. 斯耐德《被调换的小孩》

前却没有得到印章和宣告，那就会在一片死寂中回到自己的课桌前，做那些令人讨厌的订正。

SRA色卡上的大多数问题都很简单。我很早就发现——跟许多孩子一样——事实上，对于其中大部分的问题，我不用读完这个故事就能回答。我只要在文本中找到正确的答案，用陈述句回答问题，然后开始下一个问题。但留到最后的问题通常并非字面上的那种，它们是“如果……会如何？”“为什么……？”“为什么你认为……？”这一类问题。而其答案，不论我在卡片上多么努力地寻找，也是找不到的。我一直为这类问题所困扰，不仅仅因为我并没有真的去读故事，还因为没有人告诉我如何去回答它们。从没人告诉过我，那些文本中找不到的答案需要由我自己来回答。这些问题才能真正引导我们深入故事，能够体现我们对于故事究竟是否理解。但我那时想要正确的答案，而我又不够自信去依靠自己的思考，向我自己的内心寻求那些问题的答案。不消说，我的整个七年级都“陷在芥末里”。我从未到达那些让我艳羡的金黄色卡片，不管我是多么渴望听到老师在我的笔记本上大声地盖下图章。

与阅读力项目的许多内容一样，提问的策略深深植根于我自己在七年级课堂里的经验记忆，我在推论性问题方面遇到的困扰源于缺乏示范和教师教导，因此，我得保证给予我的学生足够的支持——使他们不仅能够回答那些需要超越字面内容、进行思考才能回答的问题，而且要能够提出这样的问题。

> “没有人像孩子一样提问、求知，也没有人像他们一样追根究底。孩子们不是简单地热爱提问，他们因提问而生。”——克里斯托弗·菲利普斯《哲学家俱乐部》

没错，当我刚开始教书的时候，我和我的七年级教师一样，是一个布置作业-评估作业型的教育者：阅读这个，然后回答这些问题。我喜欢提供了所有答案的教师指导手册，因为它使得评分的环节又快又简单。而答案多样的问题则不那么方便，因为那意味着我需要仔细去读学生们的答案。但现在我意识到，如果要帮助我们的学生成为自信的策略性的思考者和学习者，很重要的一点就是我们提的问题要能够鼓励他们，使他们超越故事的字面内容，进行深入的思考。我们也需要鼓励他们在阅读时去好奇地提问。读完一个章节后回答阅读理解问题并不会激发求知欲和深入的思考，而教学生们提出超越故事字面内容的问题则可以收到这样的效果。

当阅读者学习在阅读中提问时：

- 他们在掌握提问力以及回答问题的力量。
- 他们被鼓励成为好奇的阅读者。
- 他们学到提问可以引领他们更好地理解文本。
- 他们学到速答型问题和深入思考型问题之间的区别。
- 他们学到并非所有的问题都有现成答案，而这些没有现成答案的问题往往比那些有现成答案的问题更能帮助他们接近故事的内核。
- 他们在练习使用强有力的大脑——提问。

一、什么是提问力

在开始示范提问策略这堂课之前，我会花一些时间使我的学生沉浸在提问这一概念当中。有趣的是，绝大多数学生在被问及他们所知的提问词时，都提到了经典的谁、什么、何地、何时、为什么。让全班进行头脑风暴思考其他的提问词，然后再把参考资料发给他们，效果会很有趣（参见第87页“提问词”表）。

向学生介绍好的阅读者（和好的思考者）在阅读时提的两种类型的问题也很重要。有许多不同的术语来称呼这两种问题类型：字面意义的和推测的、厚的和薄的、就在眼前的和在你脑子里的。我将它们命名为速答型问题和深入思考型问题（参见第87页“提问词”表）。不管你使用哪种术语，我相信孩子们需要了解以下这些观点：好的阅读者在读书时会提问；有些答案正好可以在故事中找到，但如果你在故事里找不到答案，答案将会来自你自己。再一次强调，正是这种对元认知的强化——觉知到自己的思考、理解、提问和回答——使得学生成为更自信的意义建构者。觉知乃理解之始。

> 速答型问题是那些你可以在书中找到现成答案的问题。深入思考型问题是那些无论你多么努力，也无法从故事里直接找出答案的问题。如果答案不在故事里，它就需要从你自己的思考中来。

二、教会学生提问力

第一课（教师主导）：介绍提问力

- 使用阅读力模型，往模型中的大脑图形里添加提问拼图块。
- 向学生们解释好的阅读者在阅读前、阅读中和阅读后都会提问（参见第85、86页上的“提问的三个阶段#1和#2”）。
- 选择一两本书对全班朗读，举例说明“深入思考型问题”的概念：罗伊斯·洛克的《我想知道为什么》或者塔纳·霍本的《我想知道》（这两本适合低年级）；克里斯托弗·菲利普斯的《哲学家俱乐部》或是露易丝·波登的《埃迪见到了大作家！》（这两本适合中高年级）。
- 大脑风暴思考“5W's”以外的提问词，写在一张可以存放在教室里的图表纸上。

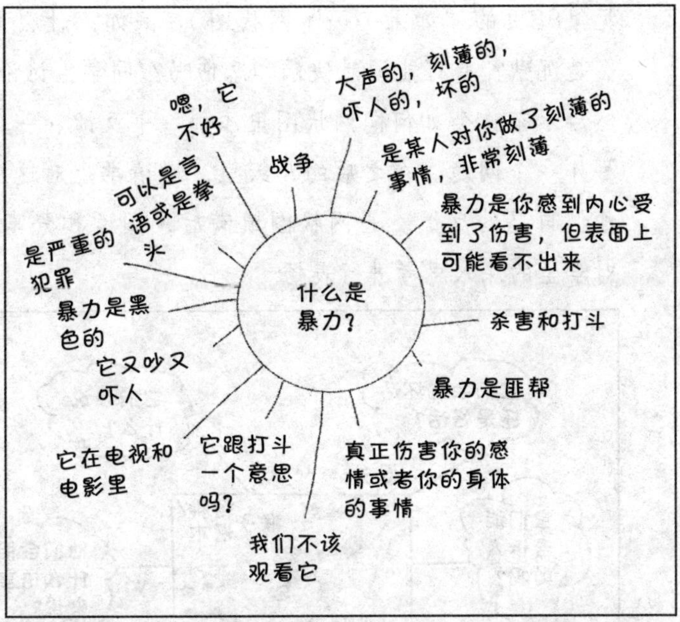

六/七年级课堂反馈图书：克里斯托弗·菲利普斯的《哲学家俱乐部》

第二至第四课（教师主导/独立学习）：扩展深入思考型问题

- 用一两堂课的时间练习、讨论和提出深入思考型问题。
- 学生举例说明他们自己的深入思考型问题；做一本“班级书”。
- 在阅读了萨拉·佩瑞的《如果》后，让学生选出书中的一个“如果……会怎样”，使用第88页的“如果……”网状图，让学生们写出六个由此生发的不同问题。
- 使用同一张网状图，让学生思考自己的“如果……会怎样”。学生在其中一个气泡框内写出一个问题，然后把网状图传给下一个学生。第二个学生读完“如果……会怎样”和上一个学生的提问后，也添加一个问题，然后再传给下一位。如此直到网状图完成。
- 从克里斯托弗·菲利普斯的《哲学家俱乐部》中选择一个问题，然后写在一张复制放大到图表纸上的网状图的中央（参见第88页的“如果……”网状图)。例如:什么是暴力?什么是沉默?有可能同时快乐和悲伤吗?同学生讨论这个问题,然后示范你会如何向网状图里添加一个反馈、一个反应或是另外一个问题。在之后的几天里,邀请学生对这个问题添加他们自己的反馈。当网状图填满后,阅读和分享这些反馈,对学生的深入思考进行表扬。

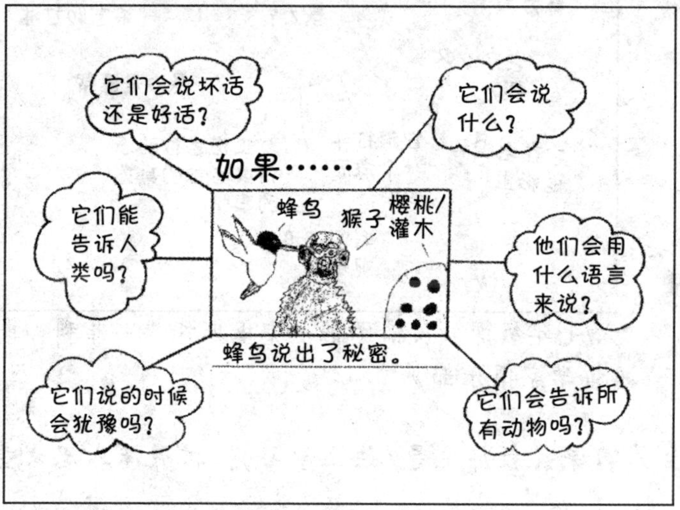

五年级样本书:萨拉·佩瑞的《如果》

第五课、第六课(教师主导):集体提问

- 从精品包中拿一本书示范大声朗读/有声思考。在读的过程中大声地提问,用便利贴标注你的问题(就像你在前面的联结课上做的那样)。
- 随后,撕下这些笔记,贴到一张按照两个问题进行分栏的图表纸上的相应位置。两个问题为:文本中回答了吗?这重要吗?(参见第89页的“评价问题#1”)。
- 把每个问题过一遍,核对其在图表中的位置是否合适。讨论这样一个事实:那些书中没有做出回答的问题(深入思考型问题）常常是值得我们去思考的问题。

- 分小组，给每组一个有关这本书的深入思考型问题，让学生讨论答案。这可以用“旋转木马”活动来完成：取若干张图表纸，在每张的顶头写上不同的深入思考型问题，每组学生轮流在每张纸上写下他们的答案。
- 第二天用另一本书重复这堂课。
- 推荐这堂课使用的图书：伊芙·邦婷的《不可思议的星期三》和芭芭拉·阿伯克龙比的《幸福的查理》，弗洛伦斯·帕里·海德的《萨米在动荡年代》，以及保罗·欧文·刘易斯的《木星石》。

“这重要吗？”一栏来自我在一个六年级班里上过的一堂集体教学课。有个学生不断地写出与弗朗西斯·托马斯的《熊先生和熊》完全无关的问题：“这只熊头上有多少根毛？这个老人的房子的按揭贷款是多少？”他后来宣称这些都是深入思考型问题，因为它们都不能在文本里找到答案。深入思考型问题的答案可能在故事里找不到，但它们必然很重要。

第七课、第八课（在教师指导下练习）：轮到你提问

- 从精品书单中选择一个故事。
- 给每个学生三四张便利贴。向他们说明，当你朗读的时候，你希望他们“注意他们的思考”；每当他们想知道关于故事的什么东西时，他们可以把问题写在其中一张便利贴上，贴在书里。对于年幼的学生，可以由你把他们的问题快速写在便利贴上（如果是由我帮低年级学生记下问题，我通常会让他们每页提一两个问题）。
- 举起书，读出书名，然后问：“关于这本书你们想知道什么？”所有学生都应该使用他们的第一张便利贴来对封面和书名提一个问题。

问题也可以记录在第85页和86页上的“提问的三个阶段”表格中。

给学生机会回答深入思考型问题，这为他们之后学习使用推测力来回答深入思考型问题打下了基础。

- 继续阅读，每读完一页后停下来问：“现在你想知道什么？”学生们可能把便利贴用完了，但他们可以继续在脑子里提问。
- 读完故事后，撕下便利贴，贴在分栏的图表纸上，参见第89页的“评价问题#1”，重复的问题可以叠在一起贴。再重来一遍第五到第六课的程序，核对这些问题是否在故事里已经给出了答案。
- 学生讨论一两个深入思考型问题的答案（两人一组或者分小组）。
- 推荐这堂课使用的图书：弗朗西斯·托马斯的《熊先生和熊》，埃里克·罗曼的《煤球眼儿猫咪》，提摩思·巴兹尔·埃灵的《蛙肚鼠骨的故事》和帕特·布里森的《我爸爸十岁那年夏天》。

第九课、第十课（独立练习）：选择你自己的提问书

- 学生从提问书箱中选择自己的书，他们阅读时，在便利贴上或是“提问的三个阶段”表格上（参见第85和86页）记录下他们的问题。
- 让学生们把便利贴撕下来，按顺序贴在第89页的“评价问题#1”的左侧，或者使用第90页的“评价问题#2”，然后核对是否每个问题都已经在故事里给出了答案。
- 让学生选择其中一个故事里没有给出答案的问题，在表格的末尾回答这个问题。

第十一课、第十二课（独立练习）：提问及回答

- 重复上一课的步骤，但这一次不再是简单地核对是否这些问题都已经在故事里给出了答案，而要让学生用句子回答它们。
- 提醒学生注意回答一个速答型问题和一个深入思考型问题的区别：如果答案是在故事里找到的，要用这样的陈述句式来

回答，比如问：男孩的名字叫什么？答：男孩的名字叫扎克。

如果答案不是直接在书中找到的，就需要用以"我想"或者"也许"开头的句式来回答。

阅读力

提 问

书名：《沙孩子》

作者：乔伊斯·邓巴

阅读时的问题已回答	是	否
我想知道这个沙男孩是否会活过来？	√	
他们为什么在沙滩上露营？		√
他为什么造了一个沙巨人？		√
他们不回家吗？		√
他们住在那里吗？		√
他们为什么跳舞？		√
为什么他需要塑造面部？		√
如果他醒不过来，谁会来塑造面部？	√	
这是一个梦吗？		√

三年级样本

《熊先生和熊》

弗朗西斯·托马斯著

1.为什么他性格这么古怪？ Q-T	我想熊先生这么乖僻是因为他很孤独，而且他可能没有什么朋友和亲人。
2.为什么这个人要让熊跳舞？ Q-Q	这个人让熊跳舞是因为他想让别人觉得他很棒，他可以训练一只跳舞的熊。
3.熊先生会对熊做什么？ S-W	我想熊先生会把这只熊当宠物。
4.熊会留在熊先生身边吗？ Q-T	我想熊会留在熊先生身边的。

四年级样本

第十三课：反思日志

- 让学生们在日志中记录他们对于这条新策略的想法。"在阅读时，提问是如何帮助你更好地理解这个故事的？告诉我你的思考。"

> 提问帮助我更好地理解故事，因为提问使我们好奇，而好奇让我们想要弄明白，也让我们想要找出答案。

P=学前班至三年级
I=四到七年级
SR=社会责任
A=原住民

三、有关提问力的推荐书目

用于示范大声思考和指导性练习的精品书

如果我们希望学生理解什么是提问，我们需要向他们展示提问看起来是什么样。花些时间示范你的思考的声音非常重要。这些书是提供给教师在示范课使用的。

现实主义的故事

Barbara Abercrombie, *Charlie Anderson* (P, I)
芭芭拉·阿伯克龙比，《幸福的查理》

Pat Bisson, *The Summer My Father Was Ten* (SR)(I)
派特·布瑞森，《那年夏天，我父亲十岁》

Louise Borden, *The Day Eddie Met the Author* (I)
路易斯·波登，《埃迪见到了大作家！》

Eve Bunting, *Fly Away Home* (I)
伊芙·邦婷，《我想有个家》

Jennifer Riesmeyer Elvgren, *Josias, Hold the Book* (I)
珍妮弗·里斯迈尔·埃尔夫格伦，《约西亚，来上学吧》

Sherry Garland, *The Lotus Seed* (I)
雪莉·加兰德，《莲子》

Dorothy Joan Harris, *A Very Unusual Dog* (P)
多萝西·琼·哈里斯，《一只非同寻常的狗》

Tana Hoban, *I Wonder* (P)
塔纳·霍本，《我想知道》

Heide Florence, *The Day of Ahmed's Secret* (I)
海德·弗罗伦斯，《艾哈迈德的秘密》

John Irving, *A Sound Like Someone Trying Not to Make a Sound* (P, I)
约翰·欧文，《无声怪响》

Amy Goldman Koss, *Where Fish Go in Winter* (P, I)
艾米·戈德曼，高斯，《冬天鱼都去哪儿了》

Christopher Phillips, *The Philosopher's Club* (I)
克里斯托弗·菲利普斯，《哲学家俱乐部》

Lois Rock, *I Wonder Why* (P, I)
罗伊斯·洛克，《我想知道为什么》

Frances Thomas, *Mr. Bear and the Bear.* (P, I)

弗朗西斯·托马斯,《熊先生和熊的秘密》

Ian Wallace, *Boy of the Deeps*(I)

伊恩·华莱士,《矿井男孩》

幻想故事

Barbara Berger, *Grandfather Twilight*(P)

芭芭拉·伯格,《月亮公公》

Anthony Browne, *Changes*

安东尼·布朗,《小凯的家不一样了》

Timothy Basil Ering, *The Story of Frog Belly Rat Bone*(P, I)

提摩思·巴兹尔·埃灵,《蛙肚鼠骨的故事》

Satoshi Kitamura, *UFO Diary*(I)

喜多村惠,《外星人的一天》

Paul Owen Lewis, *The Jupiter Stone*(I)

保罗·欧文·刘易斯,《木星陨石》

Paul Owen Lewis, *Storm Boy*(I)(A)

保罗·欧文·刘易斯,《风暴男孩》

Eve Merriam, *The Wise Woman and Her Secret*(P, I)

伊夫·梅里安姆,《机智的女人和她的秘密》

Sarah Perry, *If*(P, I)

萨拉·佩瑞,《如果》

M. P. Robertson, *The Egg*(P, I)

M. P. 罗伯森,《小飞龙的秘密》

M. P. Robertson, *The Sandcastle*(P, I)

M·P. 罗伯森,《沙堡》

Eric Rohmann, *The Cinder Eyed Cats*(P, I)

埃里克·罗曼,《煤球眼儿猫咪》

Eric Rohmann, *Time Flies*(P, I)

埃里克·罗曼,《时光飞逝》

Liz Rosenberg, *The Carousel*(P, I)

莉兹·罗森伯格,《旋转木马》

Allan Say, *Stranger in the Mirror*(I)

艾伦·塞伊,《镜子里的陌生人》

Julian Scheer, *By the Light of the Captured Moon*(I)

朱利安·希尔,《捉月亮》

Maurice Sendak, *Where the Wild Things Are*(P)

莫里斯·桑达克,《野兽国》

用于独立练习的图书

一旦学生准备好独立练习提问,他们可以从提问书箱里选择自己的书。从下面的图书中挑选一些作为你班上的提问书收藏。

> P=学前班至三年级
> I=四到七年级
> SR=社会责任
> A=原住民

现实主义故事

Sue Ann Alderson, *Ida and the Wool Smugglers* (P, I)
苏·安·奥尔德森,《艾达和羊毛贩子》

Cari Best, *Goose's Story* (P, I)
凯利·贝斯特,《鹅的故事》

Eve Bunting, *Gleam and Glow* (I)
伊芙·邦婷,《闪闪光》

Eve Bunting, *The Wednesday Surprise* (P, I)
伊芙·邦婷,《不可思议的星期三》

William Carmen, *What's That Noise?* (P)
威廉·卡门,《那是什么声音?》

Karen Chinn, *Sam and the Lucky Money* (SR)(P, I)
凯伦·钦,《山姆和压岁钱》

Candace Christiansen, *The Mitten Tree* (P, I)
坎迪斯·克里斯蒂安森,《手套树》

Eleanor Coerr, *Sadako* (I)
埃莉诺·科尔,《千纸鹤》

Peter Cumming, *Out on the Ice in the Middle of the Bay* (P, I)(A)
彼得·卡明,《冰湾散步》

Lydia Dabcovich, *The Polar Bear Son* (P, I)(A)
莉迪亚·德波科维奇,《北极熊儿子》

Louise Erdrich, *Grandmother's Pigeon* (I)
路易丝·厄德里奇,《奶奶的鸽子》

Judith Heide Gilliland, *Not in the House, Newton!* (P, I)
朱迪思·海德·吉利兰德,《屋子里不行,牛顿!》

Libby Hathorn, *Way Home* (SR)(I)
利比·哈桑,《回家的路》

Florence Heide, *The Day of Ahmed's Secret* (P, I)
佛罗伦斯·海德,《艾哈迈德的秘密》

Florence Parry Heide, *Sami and the Time of the Troubles* (P, I)
佛罗伦斯·帕里·海德,《萨米在动荡年代》

Rukhsana Khan, *King of the Skies* (I)
拉科萨那·可汗,《天空之王》

Rukhsana Khan, *The Roses in My Carpet* (I)
拉科萨那·可汗,《地毯上的玫瑰》

Kathryn Lasky, *The Librarian Who Measured the Earth* (I)
凯瑟琳·拉斯基,《丈量地球的图书管理员》

Ann McGovern, *The Lady in the Box* (SR)(P, I)
安·麦克格温,《住在盒子里的女士》

Rafe Martin, *The Boy Who Lived with the Seals* (P, I)(A)
雷夫·马丁,《海豹男孩》

Rafe Martin, *Rough-Faced Girl* (P, I) (A)
雷夫·马丁,《怪面女孩》

Michelle Nikly, *The Perfume of Memory*（I）
米歇尔·尼基,《记忆的香气》
Steve Schuch, *A Symphony of Whales*（I）
史蒂夫·舒赫,《鲸鱼交响曲》
Andrea Spalding, *Me and Mr. Mah*（I）
安德拉·斯伯丁,《我和马赫先生》
Andrea Spalding, *Solomon's Tree*（P, I）（A）
安德拉·斯伯丁,《所罗门的树》
Maxine Trottier, *Claire's Gift*（P, I）
玛克辛·特罗迪尔,《克莱尔的礼物》
Maxine Trottier, *Dreamstones*（I）
玛克辛·特罗迪尔,《梦石》
Maxine Trottier, *Flags*（P, I）
玛克辛·特罗迪尔,《旗帜》
Maxine Trottier, *The Tiny Kite of Eddie Wing*（I）
玛克辛·特罗迪尔,《温艾迪的小风筝》
Carol Vaage, *Bibi and the Bull*（P）
卡罗·瓦格,《比比和公牛》
James Whetung, *The Vision Seeker*（I）（A）
詹姆斯·威顿,《寻》
Vera B Williams, *A Chair for My Mother*（P, I）
薇拉·B·威廉斯,《妈妈的红沙发》

幻想故事

Dominique Demers, *Old Thomas and the Little Fairy*（P, I）
多米尼克·德摩尔斯,《老托马斯和小仙女》
Joyce Dunbar, *The Sand Children*（P, I）
乔伊斯·邓巴,《沙孩子》
Jules Feiffer, *Meanwhile*（P, I）
朱尔斯·费弗,《与此同时》
Paul Fleischman, *Weslandia*（I）
保罗·弗莱舒门,《威斯利王国》
Marie-Louise Gay, *Mademoiselle Moon*（P, I）
玛丽-露易丝·盖伊,《月亮小姐》
Marie-Louise Gay, *Stella, Fairy of the Forest*（P, I）
玛丽-露易丝·盖伊,《森林仙女斯黛拉》
Marie-Louise Gay, *Stella, Star of the Sea*（P, I）
玛丽-露易丝·盖伊,《海洋之星斯黛拉》
Marie-Louise Gay, *Stella, Queen of the Snow*（P, I）
玛丽-露易丝·盖伊,《冰雪女王斯黛拉》
Troon Harrison, *The Dream Collector*（P, I）
特伦·哈里森,《梦想收藏人》
Dennis Haseley, A *Story For Bear*（I）
丹尼斯·海士黎,《爱听故事的大熊》
Karen Johnston, *Mr. Bob's Magic Ride in the Sky*（I）
凯伦·约翰斯顿,《鲍勃先生的天空漫游》
William Joyce, *A Day with Wilbur*

Jobinson（P, I）
威廉·乔伊斯，《和威尔伯·罗宾逊在一起的一天》
Lyn Lee, *Pog*（P）
林恩·李，《波格》
Paul Owen Lewis, *Frog Girl*（I）
保罗·欧文·刘易斯，《青蛙女孩》
Andrew McAllistar, *Snow Angel*（P, I）
安琪拉·麦卡利斯特，《雪天使》
Matthew McElligott, *Uncle Frank's Pit*（P, I）
马修·麦克艾力格特，《弗兰克叔叔挖了个坑》
S.D. Nelson, *The Star People: A Lakota Story*（P, I）（A）
S.D.尼尔森，《星星神：一个拉科塔族的故事》
Dennis Nolan, *Dinosaur Dreams*（P, I）
丹尼斯·诺兰，《恐龙之梦》
Hiawyn Oram, *In the Attic*（P, I）
海文·欧瑞，《我的秘密阁楼》
Eric Rohmann, *Clara and Asha*（P）
埃里克·罗曼，《克拉拉和阿莎》
Cynthia Rylant, *The Van Gogh Café*（I）
辛西娅·赖兰特，《凡·高咖啡馆》
William Steig, *Brave Irene*（P, I）
威廉·史塔克，《勇敢的艾琳》
William Steig, *Doctor De Soto*（P, I）
威廉·史塔克，《老鼠牙医生》
William Steig, *Spinky Sulks*（P, I）
威廉·史塔克，《斯宾奇发脾气》
William Steig, *Sylvester and the Magic Pebble*（P, I）
威廉·史塔克，《驴小弟变石头》
Sam Swope, *The Araboolies of Liberty Street*（I）
山姆·史沃普，《住在自由街的阿拉布里人》
Matt Tavares, *Zachary's Ball*（P, I）
马特·塔瓦雷斯，《扎卡里的球》
Mark Teague, *Lost and Found*（P, I）
马特·塔瓦雷斯，《失物招领》
Mark Teague, *The Secret Shortcut*（P, I）
马克·塔瓦雷斯，《秘密的捷径》
Brinton Turkle, *Do Not Open*（P）
布林顿·特寇，《别打开》
Kathy-Jo Wargin, *The Legend of the Loon*（I）
凯西-乔·瓦尔京，《笨蛋传说》
Audrey Wood, *The Flying Dragon Room*（P, I）
奥德雷·伍德，《飞龙之屋》
Tim Wynn-Jones, *Architect of the Moon*（P）
蒂姆·维恩-琼斯，《月球建筑师》

提问的三个阶段#1

姓名：________________　　日期：________________

书名：________________　　作者：________________

这些是我在开始阅读**前**的问题：

____

____

____

____

这些是我在阅读**中**的问题：

____

____

____

____

这些是我在读完这本书**后**的问题：

____

____

____

____

提问的三个阶段#2

姓名：________________　　日期：____________

书名：________________　　作者：____________

我的问题……

阅读前

阅读中

阅读后

提问词

当我们阅读时，我们可以问……

速答型问题	深入思考型问题
·快速提问 ·快速回答 ·答案就在书里 （字面意义的思考）	·答案不在书里 ·答案来自你 （“我想……”“也许……”） （推论性的思考） ·通常没有唯一正确的答案 ·通常带来更多的问题 ·帮助我们的思考超越故事本身 ·必须很重要

提问词

谁	什么
哪里	何时
为什么	怎样
会……吗？	不会……吗？
如果……会怎样？	对于……怎么样？
……会……吗？	……不会……吗？
……是……吗？	……不是……吗？
……可以……吗？	……不可以……吗？
……能……吗？	……不能……吗？
……应该……吗？	……不应该……吗？

我想知道

如果……

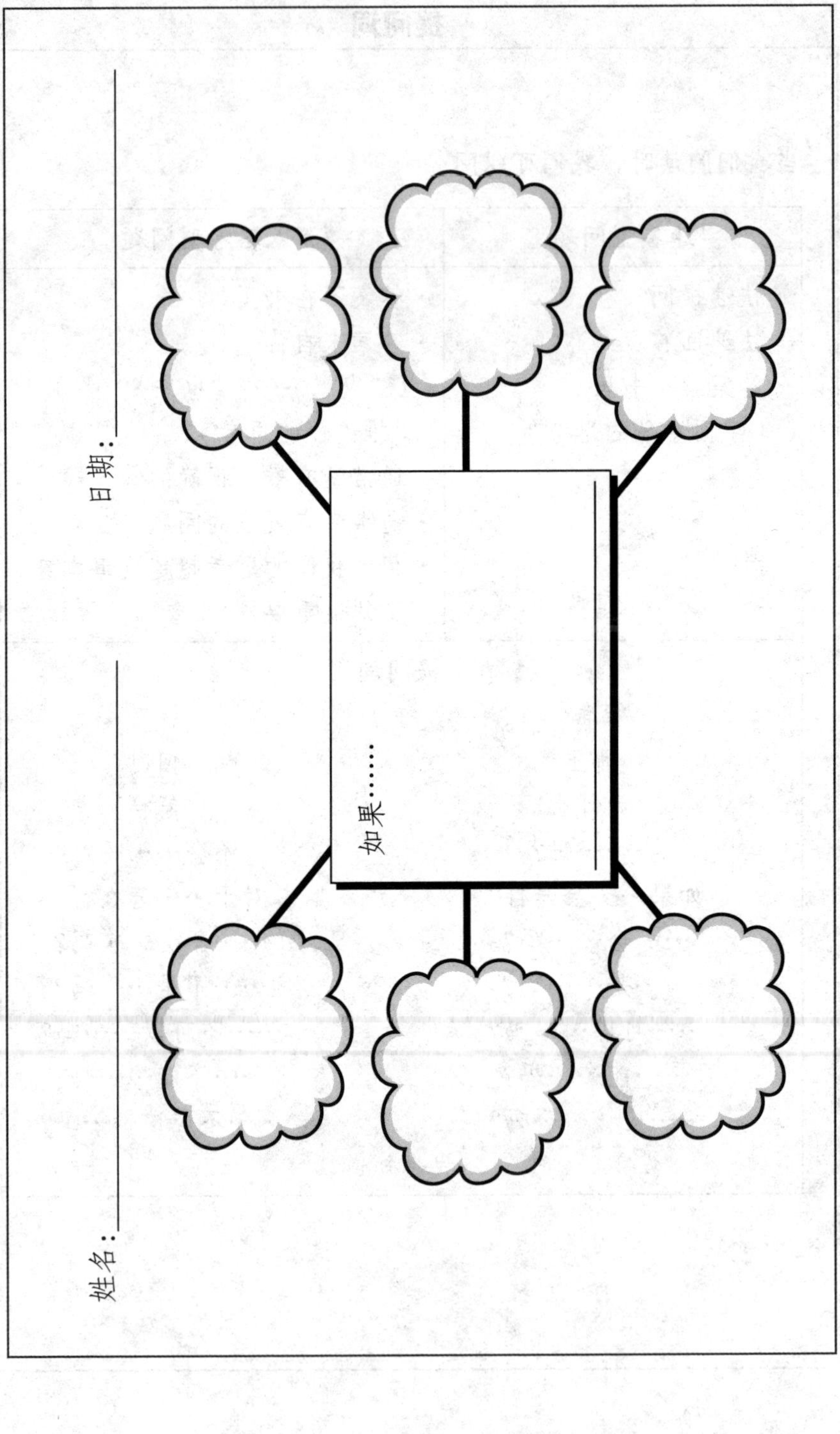

评价问题#1

姓名：________________　　　　日期：____________

书名：________________　　　　作者：____________

我们阅读时的问题	文本中回答了吗？		这重要吗？	
	是	否	是	否

选择其中一个故事中没有回答但对故事重要的问题，写下你的想法。

问题：____

答案：我想____________________________________

评价问题#2

姓名：________________ 日期：____________

书名：________________ 作者：____________

我在阅读时的问题	A	NA	BK	NR	SW

A=已回答

NA=未回答

BK=背景知识

NR=需要研究

SW=还是想知道

第五章　图像化力

> “当你的脑子里装满图像时，它们会不由自主地跑出来。”——比尔·梅纳德《不可思议的内德》

在一次乘车长途旅行过程中，一个八岁的男孩听着盖瑞·伯森的《手斧男孩》的录音带来打发时间。在将近三个小时的时间里，他一语不发，完全被故事吸引了。当晚他妈妈带着他吃饭时，他评论道：“那是我看过的最好的电影。”

“什么电影？”他妈妈问。

“车里的那个。”他答道。

“但那不是电影，”她妈妈解释道，“那是录音带。”

“真的吗？”男孩说道，“但我在脑子里都看见啦！”这个男孩展现了思维之眼根据文本创造图像的惊人能力——图像化力。

图像化和联结紧密相关。这两种策略比其他策略更需要读者根据自己的经验来理解文本的含义。不管是在思维里建立一个联结还是创造一幅画面，一个人进行联结或创造图像的源泉是其经验之井，其记忆的银行。图像化是想象的亲姐妹，有人会说它们其实是同一个东西。唯一的不同在于所创造的图像来源于何处。当我们运用想象力时，图像创造的来源乃是我们内心；而当我们做图像化时，图像创造的来源是文本。

图像化并不难做到。我相信所有孩子都有闭上眼睛，想象或是在脑子里制造画面的能力。不幸的是，我们的学生在家里大量地观看电视，这使得大脑的图像化功能需要一些锻炼，就同教授和练习联结时一样，有这样一个问题，一些阅读者缺乏经验。举个例子，如果一个人从没去过海滩，他要在脑子里形成海滩的形象就很困难。在教授以及与孩子们练习图像化之后，一定要选取描写学生们熟悉的事物的书，这一点非常重要，因为这会让他们更容易地创造形象。学生阅读前可能需要一些语言或词语积累，这样他们才会有更充实的图像储备，使得他们在开始图像化时可以当成依据去做描绘。在教授和练习这一策略时使用的大多数图书都应具有很强的描述性，丰富的、描述性的和充满诗意的语言有助于读者轻松地创造内心的形象。描述天气、季节或是特定地方和事物的书籍看起来最合适。

当阅读者学习在阅读中进行图像化时：

- 他们是在使用从文本中听到或读到的词语创造形象的画面或是“思维里的电影”。
- 他们可以像打开电视一样打开自己的大脑，享受他们创造的众多画面。
- 他们正在训练大脑以便阅读那些没有图画的书籍。
- 他们被鼓励在阅读时激活自己的想象力。
- 他们把自己的背景知识和作者的语言结合起来，创造出可以增强对文本的理解、并将阅读带入生活的思维图像。
- 他们可以激活所有的感官来创造思维图像。
- 在阅读关于地方、天气或季节的丰富生动的描述性语言时，最容易进行图像化。

一、什么是图像化力

为了启动学生的图像化策略学习，我带着他们先进行一系列的快速图像化练习，之后再来一个时间长一点的活动。这些课程体现了四个要素：

1.图像化做起来相对简单。

2.“图像词语”有助于阅读者图像化。

3.我们在脑子里制造的图像源自我们的经验。

4.图像化不仅包含眼睛所见的东西，还包含其他的感觉。

快速图像化练习

- 告诉学生你将说一个词语，然后让他们就这个词语在脑子里创造出一幅图。从简单的名词开始，比如“彩虹”。
- 给学生几秒钟时间来进行图像化，然后问问谁在脑子里形成了彩虹的图画。许多学生都可以毫不费力地做到。
- 继续练习另外一些词语，如“冰激凌甜筒”“蜡笔”“狗”。每做一个，就让学生们两人一组分享他们的图像：你的冰激凌是什么味道的？你图像化出来的狗是哪种狗？
- 随后，使用一个不能唤起简单图像的词语来把这个练习变得复杂些，比如，“这”“做”“在”。
- 在练习了几个这样的词语后，问学生哪些词语更容易图像化。向学生解释不是所有的词语都能够帮助读者图像化，但特定的、被叫作“图像词语”的词确实会帮助他们清楚地制造图像。读者关注图像词语来帮助他们图像化是非常重要的。

图像化活动

我以同样的方式向所有学生介绍这个活动：

我要告诉你们一个故事，当我讲故事的时候，我希望你们闭上眼，去根据它做图像化，看看你们是否可以在听故事的同时在思维里创造出一幅图画或者一部电影。之后我们会谈一谈你们创造出的图画。每一个人都闭上眼，记住你在做图像化，唯一会动的身体部位只有你的大脑。我们开始……

年幼的学生在听故事时会倾向于把它“演出来”，所以需要对他们强调当我们图像化时，唯一会动的身体部位只有大脑。

使用这个“故事”让低年级学生做图像化。

我想要你们想象一根棒棒糖。这根棒棒糖有一根白色的杆，包着包装纸。想象你拿着这根棒棒糖。我希望你注意这根棒棒糖的颜色、形状和大小。有的棒棒糖大，有的小，有的是球形，而有的是扁的——你的棒棒糖看起来是什么样的？现在我要你想象自己撕掉了包装纸，听听你拆包装的声音。把包装纸扔进垃圾桶，现在我要你想象你自己舔了一下这根棒棒糖。你的棒棒糖是什么味道？再舔一下。现在，如果棒棒糖不是太大的话，把它放进你的嘴里，吮吸一会儿。听听它撞到你牙齿时的声音。现在咬一口，听听咬棒棒糖的声音。现在咬碎你的棒棒糖，在你的嘴里细细品味它的味道。有些糖粘在你的牙齿上。现在想象你把棒棒糖从嘴里拿出来，看看杆子上还剩什么。睁开你的眼睛。

对于中高年级的学生来说，学校的场景和神秘元素可以使得图像化更加复杂。

现在是学校的课间活动时间。我要你们想象自己在室外，比如在学校的操场或运动场上。你在哪里？花一点时间向四周看看。从你站的地方你能看见什么？你能听见什么声音？天气怎么样？想象自己在吃课间零食，咬一口，你现在吃的是什么？继续吃你的零食。突然你听到有人在叫你的名字。想象你向四处看看，想要找出声音从哪里传来。你看见一个跟你很熟的人向你跑来，这个人在叫你的名字，手里拿着什么东西。这个人来到了你身边，飞快地说话，似乎很兴奋地想给你看他手里的东西。这个人给你看了，还告诉了你关于这个东西的事情。你问你是否可以拿起它。想象你拿着这个东西。现在又有一个人过来加入你们，你们一起看着这个东西。突然，铃响了。想象你和朋友们一起跑向最近的门，然后走向教室。睁开你的眼睛。

提以下问题：

- 在我讲故事的时候谁在脑子里放电影？
- 谁的电影是彩色的？谁的电影是黑白的？
- 谁的电影里有声音、味道、触觉？

向学生指出图像化不仅仅是我们看见的东西。当我们做图像化时，我们实际上使用五种感觉：视觉、听觉、味觉、触觉和嗅觉。

把以下问题写在一个图表板上，让学生找同伴来分享。

低年级	中高年级
1. 你的棒棒糖是什么颜色？	1. 你在操场的什么位置？
2. 大小如何？	2. 天气怎么样？
3. 什么形状？	3. 你的课间零食是什么？
4. 什么味道？	4. 你能听见什么声音？
5. 在你咬了之后，你的棒棒糖看起来什么样子？	5. 谁在叫你的名字？
	6. 这个人给你看的是什么东西？

在这次分享时间后，继续：

如果你和你的同伴有完全一样大小、形状、颜色和口味的棒棒糖，请举手。（同样的地方、零食、人物和物品。）

（很偶然的是，同伴间有类似的答案，但一般来讲，“思维电影”都不相同，这是因为学生们会自然地从自身的经验出发来进行图像化。）

好的，那很有意思，但为什么屋里的所有人听了同一个故事，却想象出不一样的东西呢？这怎么可能呢？

这个练习很清楚地显示了我们在介绍联结时提到的同一个观点：因为我们各不相同，拥有不同的经验和记忆，每个人创造的图像也将不同。正如我们是从自身的经验来建立联结，我们也从我们所了解的事物来进行图像化。

> 当书上没有图片时，你不得不在你的脑子里制造出画面来。

二、教会学生图像化力

第一课（教师主导）：介绍图像化力

- 向全班说明图像化就是当你阅读时在你脑子里制造图像。向学生们解释，当他们开始读具体某个章节时，书里是没有图画的，所以他们必须练习在脑子里制造图像。
- 做几个单一画面的图像化练习，让学生听单个的词语来练习快速图像化。介绍图像词语的概念（参见第93页）。
- 让学生练习图像化，在你讲一个故事时，让他们闭上眼，努力在脑子里“制造电影”。提醒学生，就像他们建立联结时一样，每个人会在脑子里制造不一样的图像，这是因为每个人都是不同的。（参见第94、95页的“故事”和问题。）

> 艺术家用颜色绘画；作家用词语帮助他们的读者在脑子里绘画。

第二课（教师主导）：示范在纸上进行图像化

- 进行示范时，请另一位教师（或是图书管理员、实习教师、行政人员）帮忙。你要朗读一本从图像化书箱里挑出来的精品书。把封面用纸包起来，这样没人可以看见画面或书名。将这本书分为四个部分。
- 在图表纸上做四个大方框并编号。

> 把用来示范图像化策略的书的封面用纸包起来，这样学生们就看不见任何配图了。

- 开始缓慢地朗读书的第一个部分，进行示范的教师则开始快速地在第一个方框里画速写。与此同时，学生在做图像化。
- 当教师完成速写后，让他写出一两个有助于学生做图像化的“图像词语”。
- 请这位教师把图表板转过来，用手指着图进行说明。作为反馈，你对这位教师的绘画进行评论：“我喜欢你画画的方式，你只是画了一个棍子人，并没有画上很多细节”，“我很高兴你把整个方框都用图画填满了”。
- 对于这个故事剩下的三个部分，重复上述过程，让这位教师每次在一个不同的方框内作画，记录图像词语，然后用手指着图做说明。
- 在故事讲完后，让学生和另外一位教师预测书名。
- 最后，展示封面和书名，再朗读一遍这本书，展示图画。
- 这堂课的推荐图书：简·卡尔的《春天水哗哗》，乔纳森·伦敦的《水坑》。

> 我通常把图表板转过去背对学生，这是为了避免学生们在教师画画的时候全都盯着他。

第三课（在教师指导下的集体练习）：在纸上共同图像化

- 重复第二堂课：使用分成四个部分的图表纸，让四个学生分别上前来在每一个方框内作画，其他的学生在你朗读时可以在自己脑子里进行图像化。
- 在每一个学生作画后，让他们记录一两个图像词语，并用手指着画面进行说明，与全班分享他们的图画。
- 这堂课的推荐图书：杰西·奥斯特罗的《我的花园》（非常简单的文本），阿尔文·崔塞特的《雨滴溅落》，约翰·伯宁罕的《一年四季》，哈丽娜·贝洛的《有风的日子》，以及丹尼丝·弗莱明的《在那小小的池塘里》。

一年级和四年级的样本
图书：夏洛特·佐罗托的《海滨书》

第四课、第五课（独立练习）：独立在纸上图像化

> 我们希望学生能够快速绘制速写。太多的颜色会分散注意力，我通常只让他们选一种颜色或使用一支铅笔。

- 给学生第110页的“图像化”单页或者把一张纸分出四格。
- 朗读一本书（不要展示封面和图片），在你读第一部分时让学生在第一格里快速地绘画。这部分完成后，让他们写出一两个帮助他们对这部分故事进行图像化的图像词语。
- 让学生就第一格里的绘画，向同伴指着画面进行说明。
- 继续朗读故事，在读完每一个部分之后停下来，让学生向同伴指着画面做说明。
- 在故事结束后，请学生写下他们猜想的书名是什么。让部分学生与全班做分享。
- 展示封面和书名，再次对全班朗读此书，这一次展示图片。

第六课（独立练习）：单一画面图像化

> 尽管大多数的图像化速写都不用彩色，但我允许学生们在这堂课里给他们的图画上色。

- 重复第四到第五课的“独立在纸上图像化”，让学生画一幅大图而不是四幅小图。提供给学生大张的白纸来进行单图创作。
- 你可能需要把文本读上好几遍，以此给学生们充足的时间往速写上添加细节。
- 让学生跟同伴分享他们的图画，然后允许他们回头往图画上添加更多细节。
- 让学生在图画上写下他们对书名的预测。读出书名，然后向他们展示书中的插图。
- 本堂课的推荐图书：杰西·奥斯特罗的《我的花园》（适用于学前班到一年级的学生），夏洛特·佐罗托的《海滨书》，学乐出版的《噢，加拿大》（国歌歌词对应的照片），丹尼丝·弗莱明的《在那小小的池塘里》、《森林》（“夏洛特皇后岛阅读者系列”），珍妮·贝克的《森林与大海相遇的地方》。

一年级样本
图书：杰西·奥斯特罗的《我的花园》

第七课、第八课（在教师指导下练习）：运用你的感官

- 向学生们介绍第111页的“运用我们的感官”表。在我们阅读时，我们不光能在脑子里看到图画，我们还可以运用其他的感官来听见声音，品尝滋味和感知物体。
- 在图表纸上做一个“运用我们的感官”表。朗读，当学生们听到、看到、嗅到、感觉到或者尝到什么的时候，让他们上前来在格子里写下（或画出）来。
- 本堂课的推荐图书：玛丽·霍尔·伊特斯的《吉尔伯托与风》、辛西娅·赖兰特的《十一月》、林恩·普罗尔德的《野孩子》、帕姆·穆诺兹·莱恩的《你好，海洋》、珍·尤伦的《月下看猫头鹰》、罗斯玛丽·威尔斯的《夜晚的声音，清晨的色彩》。

第九课（独立练习）：运用你的感官来图像化

- 重复上一堂集体课，但选择一本新书，在你朗读时让学生们在各自的纸上练习。

第十课、第十一课（在教师指导下练习/独立练习）：图像化一个人物角色

- 从一本书中找出一段关于一个角色的细致描写，适用于这堂课的小说角色描写，如罗尔德·达尔在《查理和巧克力工厂》中对于威利·旺卡的描述。
- 先不告诉学生书名和角色的姓名，让他们对这个角色进行图像化，然后完成一幅富有细节的肖像画并上色。

当我读到 **戴夫·皮尔奇** 写的 **《小报童》** 时，这些是……

我看见的事物……	我听见的声音……
	柔缓的微风 猫喵喵叫 嘈杂的海滩 自行车声 水在流 狗叫声 鸟叫声
我的感觉…… 开心 有微风 冷 非常棒 疲惫 困倦 平静	留在记忆中的词语…… 狗 自行车 报童

——改编自费耶·布朗尼

四年级样本

- 完成后，让学生展示他们的图画。提问："为什么每个人的画都这么相似呢？"之后指出好的作家在写作时使用特殊的图像词语，这可以帮助读者非常清晰地进行图像化。
- 让学生创造自己的角色，并画出尽可能多的细节。在另一张纸上，让他们写下对这个自己创造的角色的描述，要包含能想到的尽可能多的图像词语，关于身材高矮胖瘦，头发、眼睛、皮肤的颜色，有趣的特征，衣服，特殊物品，等等。
- 把写好的描述收上来，然后随机发给学生们。
- 一个学生读另一个学生的描述，然后尝试为这个角色画一幅画。之后配图者与描述者一起比较图画和描述，看一看图画和描述匹配的准确程度。

第十二课（在教师指导下练习/独立练习）：绘画和反馈

- 从图像化书箱中任选一本书。在不向学生展示封面和插图的情况下朗读整本书。
- 让学生挑选一幅听故事时在他们脑子里挥之不去的图像化画面。使用第112页或113页“图像化、绘画与反馈”表格中的一种，让学生画出他们的图像，然后写出他们的选择。
- 这堂课可以重复进行，让学生选择自己的书。为避免学生临摹书上的画面，让学生读一两遍书以后放回书箱，然后通过回忆来画一幅图。
- 本堂课的推荐书：乔治·大卫·韦斯的《美丽新世界》，拉斐的《白鲸宝宝》。

> 为避免学生在绘画时临摹书上的画面，我让他们把书放回书箱。然后我说：“你们都是魔法摄影师，可以走进书中拍摄照片，但你只能拍四幅。在你脑海里挥之不去的是哪四幅呢？”

姓名：______________________

书名：《白鲸宝宝》

今天我们班阅读了拉斐的《白鲸宝宝》。我在脑子里创造图画。首先我设想白鲸宝宝在水里游泳，然后我看见白鲸宝宝拍打水花，他玩得很开心。后来我记得他在水床上睡觉。最后他在早晨醒过来，新的一天又开始了。这本书很适合图像化，因为我喜欢白鲸。

第十三课：反思日志

- 让学生们记录下对于这条新策略的想法以及他们从图像化中学习到了什么。“在阅读时进行图像化是如何帮助你更好地理解这个故事的？告诉我你的思考。”

图像化

当我进行图像化时，我在脑子里制造画面。它们不是真正的画，因为事实上我并不能用眼看见什么，它们像是你脑子里的思维画面。当我制造画面的时候，故事就像DVD在我的大脑里播放，这使得故事更加真实。当这个故事变得刺激时，我的大脑里还会有特效。

其他图像化课程

- 学生们使用第114页上的“阅读时进行图像化”图表，或者在阅读他们自己的图像化书时使用第115页的“听图像词语”模板。
- 学生选择他们正在读的小说中的一个段落，为它创作一幅插图。
- 学生想象自己的某个特殊的地方（比如，一个房间、一个公园、他们的卧室、一顶帐篷、从窗口看到的风景），写下一段关于这个地方的描述性文字。

三、有关图像化力的推荐书目

用于示范大声思考和指导性练习的精品书

如果我们希望学生理解什么是图像化，我们需要向他们展示图像化看起来是什么样的。花些时间示范你关于图像化的大声思考非常重要。这些书是提供给教师在示范课使用的。

P=学前班至三年级
I=四到七年级
SR=社会责任
A=原住民

描述性的（地点，人物）

Jez Alborough, *Watch Out, Big Bro Is Coming!*（P）
杰兹·阿波罗，《小心，大家伙来啦！》
Keith Baker, *Little Green*（P）
基斯·贝克，《小绿》
Keith Baker, *Who Is the Beast?*（P, I）
基斯·贝克，《谁是野兽？》
Margaret Wise Brown, *The Big Red Barn*（P）
玛格丽特·怀斯·布朗，《红色大谷仓》
Lewis Carroll, *Jabberwocky*（P, I）
路易斯·卡罗尔，《伽卜沃奇》
Dominique Demers, *Every Single Night*（P, I）
多米尼克·德摩尔斯，《每个夜晚》
Laura Duksta, *I love You More*（P）
劳拉·杜科斯塔，《我更爱你》
Denise Fleming, *In the Small, Small Pond*（P）
丹尼丝·弗莱明，《在那小小的池塘里》
Sheila Hamanaka, *All the Colors of the Earth*（P, I）
茜拉·和麻纳卡，《地球上所有的颜色》
Robert Heidbreder, *I Wished for a Unicorn*（P, I）
罗伯特·海德布雷德，《我想要一只独角兽》
Kathy Henderson, *The Little Boat*（P）
凯西·亨德森，《小小船儿》
Tomson Highway, *Fox on the Ice*（P, I）（A）
汤姆森·海威，《冰面上的狐狸》
Julie Lawson, *Kate's Castle*（I）
朱莉·劳森，《凯特的城堡》
Jimmy Liao, *The Sound of Colors*（I）
几米，《地下铁》

Jesse Ostrow, *My Garden*（P）
杰西·奥斯特罗，《我的花园》
Joanne Ryder, *Chipmunk Song*（P, I）
乔安妮·莱德，《花栗鼠之歌》
Joanne Ryder, *The Waterfall's Gift*（I）
乔安妮·莱德，《瀑布的礼物》
Stephanie St. Pierre, *What the Sea Saw*（P, I）
斯蒂芬妮·圣彼埃尔，《大海看到了什么》
Roseanne Thong, *Round Is a Mooncake*（P）
罗斯安妮·通，《圆是一个月饼》
George David Weiss, *What a Wonderful World*（P）
乔治·大卫·韦斯，《多么美好的世界》
Rosemary Wells, *Night Sounds, Morning Colors*（P, I）
罗斯玛丽·威尔斯，《夜晚的声音，清晨的色彩》
Jane Yolen, *Owl Moon*（P, I）
珍·尤伦，《月下看猫头鹰》
Charlotte Zolotow, *The Seashore Book*（P, I）
夏洛特·佐洛托，《海岸》

关于季节的

John Burningham, *Seasons*（P）
约翰·伯宁罕，《一年四季》
Jan Carr, *Splish, Splash, Spring!*（P）
简·卡尔，《春天水哗哗》
Newlin Chase, *Waters*（P）
纽林·蔡斯，《水》
Mary J Gerber, *Thanks for Thanksgiving*（P）
玛丽·J. 格伯，《谢谢你的感恩节》
Lynn Plourde, *Wild Child*（P, I）
林恩·普罗尔德，《野孩子》
Cynthia Rylant, *In November*（I）
辛西娅·赖兰特，《十一月》

天气

Halina Below, *The Windy Day*（P, I）
哈丽娜·贝洛，《有风的日子》
Marie Hall Ets, *Gilberto and the Wind*（P）
玛丽·霍尔·伊特斯，《吉尔伯托与风》
Sheree Fitch, *No Two Snowflakes*（P, I）
谢蕊·菲奇，《没有两片雪花完全相同》
Ezra Jack Keats, *The Snowy Day*（P）
艾兹拉·杰克·季兹，《下雪天》
Jonathon London, *Puddles*（P, I）
乔纳森·伦敦，《啪嗒啪嗒》
Mary Lyn Ray, *Mud*（P, I）
玛丽·林·瑞，《泥》
Alvin Tresselt, *Rain, Drop, Splash*（P）
阿尔文·崔塞特，《雨滴溅落》

P=学前班至三年级
I=四到七年级
SR=社会责任
A=原住民

用于独立练习的图书

一旦学生想要独立练习图像化，他们可以从图像化书箱里选择自己的书。从下面的图书中挑选一些作为你班上的图像化书收藏。

描述性的（地点，人物）

Dawn Adams, *The Forest*（P）
多恩·亚当斯，《森林》

Jeannie Baker, *Where the Forest Meets the Sea*（P, I）
珍妮·贝克，《森林与大海相遇的地方》

Bird Baylor, *Guess Who My Favorite Person Is*（I）
伯德·贝勒，《猜猜我最喜欢的人是谁》

Jo Ellen Bogart, *The Night the Stars Flew*（P）
乔·艾伦·博加特，《繁星闪亮的夜晚》

Margaret Wise Brown, *Sailor Dog*（P）
玛格丽特·怀斯·布朗，《小狗水手》

Eve Bunting, *The Sunflower House*（P, I）
伊芙·邦婷，《向日葵房子》

Edith Newlin Chase, *Secret Dawn*（P, I）
伊迪斯·纽林·蔡斯，《秘密黎明》

John Coy, *Night Driving*（I）
约翰·科伊，《夜间驾驶》

Shutta Crum, *Click!*（P）
舒泰·克拉姆，《咔嚓》

Roald Dahl, *Charlie and the Chocolate Factory*（I）
罗尔德·达尔，《查理和巧克力工厂》

Dene Children of La Loche and Friends, *Byron Through the Seasons: A Dene-English Story Book*（Byron Bel Haet' aziluke sine）（P, I）（A）
拉洛什的孩子及朋友们，《拜伦穿越四季：一本英语故事书》

Pamela Duncan Edwards, *Some Smug Slug*（P）
帕拉梅·邓肯·爱德华兹，《自鸣得意的鼻涕虫》

Paul Fleischman, *The Sidewalk Circus*（I）
保罗·弗莱施曼，《人行道上的马戏团》

Denise Fleming, *In the Tall, Tall, Grass*（P）

丹尼斯·弗莱明,《在那高高的草丛里》
Debbie Harter, *Walking Through the Jungle*（P）
黛比·哈特,《穿过丛林》
Ron Hirschi, *Seya's Song*（P, I）
罗恩·赫奇,《濑谷的歌》
Eric Houghton, *The Crooked Apple Tree*（P, I）
埃里克·霍顿,《弯曲的苹果树》
Stephen Eaton Hume, *Rainbow Bay*（I）
史蒂芬·伊顿·休姆,《彩虹湾》
Jane Yolen, *Owl Moon*（P, I）
珍·尤伦,《月下看猫头鹰》
Barbara M Joosee, *I Love You the Purplest*（I）
芭芭拉·M·乔西,《你是我的最爱》
Karen Katz, *Counting Kisses*（P）
凯伦·卡兹,《数一数,亲了几下》
Alison Lester, *Imagine*（P, I）
艾丽森·李斯特,《想象》
Ricki Levinson, *Our Home Is the Sea*（I）
里基·莱文森,《大海是我们的家》
Jonathan London, *Dream Weaver.* San Diego（P, I）
乔纳森·伦敦,《织梦者》
Jonathan London, *Into the Night We Are Rising*（I）
乔纳森·伦敦,《夜空飞行》
Jonathan London, *Like Butter on Pancakes*（P, I）
乔纳森·伦敦,《快乐像烙饼上的黄油》
Sheryl McFarlane, *Jessie's Island*（P, I）
雪儿·麦克法兰,《杰西的岛》
Josephine Nobisso, *Shh! The Whale Is Smiling*（I）
约瑟芬·诺毕索,《嘘!鲸鱼在微笑》
Mary O'Neill, *Hailstones and Halibut Bones*（P, I）
玛丽·奥尼尔,《冰雹和大比目鱼骨》
Dav Pilkey, *The Paperboy*（I）
戴夫·皮尔奇,《送报男孩》
Patricia Polacco, *Appelemando's Dreams*（I）
派翠西亚·波拉蔻,《阿波里曼多的梦》
Joanne Ryder, *Earthdance*（P,I）
琼安·赖德,《地球之舞》
Joanne Ryder, *Snail's Spell*（P, I）
琼安·赖德,《蜗牛的魔咒》
Hope Slaughter, *A Cozy Place*（P, I）
霍普·斯劳特,《一个舒适的地方》
Sarah Thomson, *Imagine a Day*（I）
莎拉·汤姆森,《想象有一天》
Sarah Thomson, *Imagine a Night*（I）
莎拉·汤姆森,《想象有一夜》
Janice May Udry, *A Tree Is Nice*（P,I）
贾尼思·梅·伍德里,《树真好》
Nancy Van Laan, *Little Fish, Lost*（P）
南希·万·拉恩,《迷失的小鱼》
Nancy Van Laan, *Rainbow Crow*（P, I）（A）
南希·万·拉恩,《彩虹鸦》

Jan Bourdeau Waboose, *Morning on the Lake*（P, I）(A)
让·布尔多·华布斯,《湖边的清晨》
Douglas Wood, *A Quiet Place*（I）
道格拉斯·伍德,《一个宁静的地方》
Valerie Worth, *All the Small Poems and Fourteen More*（P, I）
瓦莱丽·沃斯,《所有小诗和十四首新作》

关于季节的

Nancy Hundal, *Camping*（I）
南希·汉达尔,《野营》
Nancy Hundal, *I Heard My Mother Call My Name*（I）
南希·汉达尔,《我听见妈妈叫我的名字》
Nancy Hundal, *Prairie Summer*（I）
南希·汉达尔,《草原夏日》
Paul Paolilli, *Silver Seeds*（I）
保罗·鲍里里,《银色的种子》
Lynn Plourde, *Spring's Sprung*（P, I）
林恩·普劳得,《春的跃动》
Lynn Plourde, *Summer's Vacation*（P, I）
林恩·普劳得,《夏的假期》
Lynn Plourde, *Winter Waits*（P, I）
林恩·普劳得,《冬的等候》
M. P. Robertson, *Seven Ways to Catch the Moon*（I）
M. P. 罗伯森,《抓住月亮七种的方法》
Pam Munoz Ryan, *Hello Ocean*（P, I）
帕姆·穆诺兹·莱恩,《你好,海洋》

天气

David Booth, *Voices in the Wind*（I）
大卫·布斯,《风中的声音》
Jan Brett, *The Umbrella*（P, I）
让·布雷特,《香蕉伞》
Debra Frasier, *Out of the Ocean*（P, I）
黛布拉·弗雷泽,《大海》
Will C. Howell, *I Call It Sky*（I）
威尔. C. 豪厄尔,《我叫它天空》
Nancy Hundal, *November Boots*（P, I）
南希·汉达尔,《十一月的靴子》
Alvin Tresselt, *White Snow Bright Snow*（P, I）
阿尔文·崔塞特,《白雪晶晶》(P, I)
Jane Yolen, *Before the Storm*（I）
简·约伦,《暴风雨来临之前》
Jan Bourdeau Waboose, *Sky Sisters*（P, I）
让·布尔多·华布斯,《空中姐妹花》
Werner Zimmermann, *Snow Day*（P, I）
维尔纳·齐默尔曼,《雪天》

多方面的

Margaret Wise Brown, *The Color Kittens*（P）
玛格丽特·怀兹·布朗,《猫咪的色彩》
Anthony Browne, *The Shape Game*（I）

安东尼·布朗，《形状游戏》

Eugenie Fernandes, *Waves in the Bathtub*（P）

尤金·费尔南德斯，《浴缸里的波浪》

Ruth Odor, *My Quiet Book*（P）

露丝·欧德尔，《我的安静小书》

Dawn Piggot, *Gregory and the Magic Line*（P）

道恩·皮戈特，《格雷戈里与神奇的线条》

Richard Thompson, *Then and Now*（P）

理查德·汤普森，《当初与当下》

图像化

姓名:________________ 日期:________________

1.	2.
3.	4.

我认为这本书的书名是________________________________

运用我们的感官

姓名：____________________　　日期：____________________

当我读到________________所著的____________，这是____________

我看见的事物…… 	我听见的声音…… 
我的感觉…… 	留在记忆中的词语…… 

图像化、绘画与反馈#1

姓名：________________ 日期：________________

书名：________________________________

图像化、绘画与反馈#2

姓名:____________________ 日期:________________

当我读到__________所著的 __________时，这是我在我的头脑里看到的图像:

1. ____________________ ____________________ ____________________	2. ____________________ ____________________ ____________________
3. ____________________ ____________________ ____________________	4. ____________________ ____________________ ____________________

阅读时进行图像化

姓名:________________　　　　日期:________________

1. **我现在的图像……**	2. **现在的……**
3. **现在的……**	4. **现在的……**

听图像词语

姓名：________________　　　　日期：______________

书名：________________　　　　作者：______________

在你阅读时……

继续对故事图像化，使用作者书中那些帮助你在脑子里制造图像的词语。

在读完之后……

画出你阅读时图像化过的一幅图。围绕这幅画，写下作者使用过的帮助了你创作图画的图像词语（形容词）。

第六章　推测力

“读出字里行间的意义”已经成为对推测的标准定义，但对我而言，要真正弄懂，这个定义讲得还不够清楚或者说不够具体。读出字里行间的意义？这究竟是什么？在教孩子们这个策略时，我发现了一个更加有用的定义：推测就是在你的脑子里“填入”没有写在书页上的内容。正如联结力和图像化力紧密地联系在一起一样，推测力与提问力密切相关。在介绍深入思考型问题时提到的“在你脑中，不在书上”的思维在介绍推测策略时将再一次被强调，引导读者注意以下两者的不同：一是作者写了出来，因而读者已经知道的内容；一是作者没有写进书里，因此需要读者去“填入”的内容。

常有人问我推测和预测是不是同一种策略。预测其实是推测的一种，因为读者可以往故事里去“填入”他们认为可能会发生的事情。但预测可能会发生的事情只是推测所涉及的一个部分，我们在教授和示范推测这一策略时，需要把预测包括在内，但我们还需要进一步学习去“填入”那些文本里没有直接提及的内容。

当读者学习在阅读过程中进行推测时：

- 他们是在学习从文本中、图画中、自己的知识档案中寻找有助于理解文本的线索。

- 他们被鼓励成为好的“图书侦探”。
- 他们认识到虽然有的作者写下的文字非常少，但留下了线索给读者去发现和诠释。
- 他们会理解“少即是多”的意思是书页上更少的文字意味着读者需要进行更多的思考。
- 他们学习在脑子里“填入”没有写在书页里的内容。
- 阅读时，他们很可能说：“噢，我现在懂了！”而不是：“嗯？我不明白。”

一、什么是推测力

> “我读文学作品很慢，挖掘出隐藏的东西……努力想象哪些已经在那里，注意哪些不在。”——托妮·莫里森《作为艺术家的读者》

由于与高级思维相关，对教师们来讲，教授推测力通常是一个挑战。我们如何教孩子们超越故事去进行思考？跟其他所有阅读力和策略一样，我相信孩子们懂得，也有能力进行推测，但他们脑子里这些正在发生的事情还没有被命名或变得具体。我五岁大的儿子奥利弗在淘气后看见我脸上的表情，说：“啊，我推测我有麻烦了。”然后，看见我的表情很快变成了微笑，他又说：“哦，也许我推测错了。”我笑其实是因为一个五岁的孩子居然能在恰当的语境中使用“推测”这个词，这看起来怪怪的。我慢慢明白了，正是因为我经常给他示范这个词——不是在正式的课程上，而是一有机会就有意识有目的地将这种用语整合到他的世界里，才使得奥利弗能够轻松地理解和使用这种词语。

为了帮助学生们揭开推测的奥秘，我会这么说：

我要告诉你们一个秘密，它将帮助你们学习推测。你们准备好了吗？秘密就是——不是所有的作者都会把一切告诉你。不过，他们没有把每件事都告诉你，并不是因为他们弄丢了笔或把纸用光了，而是因为他们想让你——读者，自己把它找出来。

“一个好的作者，我喜欢的不是他大声说的那些，而是他窃窃私语的部分。”——洛根·皮尔索尔·史密斯

跟其他的所有阅读力一样，有些书特别适合用来教授和练习这种特殊的策略。比如，选来教授图像化的书籍都是由于它们丰富的语言和富有细节的描述而被专门挑出来的。但也许在示范和教学的时候，没有其他哪种阅读力会比推测更依赖于特定的文学作品了。我相信许多被挑出来练习这一策略的图书，也许是由最具有天赋的作者写成的。用少量的词语来讲故事——使用暗示而非讲述，写得微妙，选择实际上说出多少，又省去多少，从而有节制地透露一个故事——这比一下子把什么都讲出来更有挑战性。像克里斯·范·奥尔斯伯格、安东尼·布朗和大卫·威斯纳这样的作者就是掌握了这种技艺的作家的典范，这些作家以不讲故事的方式来讲故事。我们教学生如何推测时提及的正是这样的图书和这些作家。

几个月前，我对我使用的一部分阅读力书籍中的图书做了一次有意思的观察。图像化书籍中接近百分之八十的书籍，其文字和插画是由不同的人完成的，而推测书籍中超过百分之八十的书籍则由同一个人撰写文字和绘制插图。为什么会这样呢？答案有助于我更好地理解推测。我相信推测书籍中书籍的作者想要全权控制他们的故事和图画，他们有意识地慢慢地透露故事，对每一页上的内容都小心翼翼。让别人来为书做插图可能就要放弃一部分的控制权了。

更少的墨水意味着更多的思考。

另一个可用来教读者推测的资源是无字图画书，还有什么比一本根本没有字或者只有几个字的图画书更适合“在脑子里做填人”的呢？像杰兹·阿波罗的《抱抱》、克

里斯·拉西卡的《哟！哦！》，或者亚历山德拉·戴的“好狗卡尔”系列，都是帮助学生们理解“推测看起来或者感觉起来是什么样子的”的完美资源。孩子们“阅读”用图讲述的故事是完全没问题的，我们把这个过程称为“推测”，使之变得生动具体。

> 一个教师使用漫画中的一页来教学生推测。她从漫画里复印了一页，然后把每一幅图都剪出来。她把这些图在一张白纸上贴成一行，每一幅之间留出空白。学生推测每一幅图之间发生了什么，可以画出来也可以写下来他们认为每幅图之间可能的内容是什么。

几年前，我所在的学校有过一场关于漫画和漫画小说的争论。有的家长和教师觉得在图书馆里收藏大量的漫画是鼓励学生去读有害的阅读材料。我们的教师兼图书管理员劳伦·史密斯完全不同意这种观点，她知道尽管并不是所有的漫画都适合教学，然而她为学校购买的这些书，例如《卡尔文与霍布斯虎》和《加菲猫》不仅仅适合教学，而且吸引了那些不爱读书的孩子，特别是男孩子，定期光临图书馆并真正地阅读书籍。事实上，在这个品类的图书的供给上，她很难跟得上学生的需求。围绕着连环画的讨论依然存在。尽管有的教师禁止学生在图书交流活动中借连环画，连环画还是被藏在了课桌里或是夹在科学教材中间。后来劳伦看到一篇研究文章，该研究发现，读连环画长大的男孩子，事实上在进入高中和大学后在阅读方面表现优异。该研究显示，对于这个结果，其中一个原因是连环画读者已经掌握了推测的策略。连环画需要在每一幅图之间进行推测，连环画读者在这么做的时候可能没有意识到这就叫“推测”，但他们在日常阅读连环画的过程中必然会提升这种技能。在劳伦与教师和家长分享了这篇文章后，关于连环画的观点略有转变，而在我们学校图书馆的书架上，这个类型的书也比以前任何时候都要多了。

推测在教学和练习时是一项颇具难度的阅读策略，但通过使用简单的文本来预热，使学生轻松和成功地为故事填入内容，我们就可以强化这一策略并为这种认知经验命名。

二、教会学生推测力

第一课（教师主导/集体参与）：推测游戏

- 介绍“推测”这个词，推测就是好的阅读者试图弄明白作者在说什么，即使作者并没有把它写出来。好的阅读者能够推测是因为他们在图画和文字中寻找线索来帮助自己弄明白这本书是关于什么的。

游戏一：在图中找线索

> 示范推测时，不要忘记书名页和献词页。我们经常跳过这些页直接读故事，而作者和绘者往往在这里留下重要的线索。

展示一个有鲜明情绪的人的图片（《第二步》里的黑白照片卡很适用），或是亲自示范一种情绪，确保你展现了面部表情和身体语言，让学生尝试推测这个人的感受。当有人猜测时，问问他们：“帮助你做这种推测的线索是什么？”努力让学生说得具体些。重复几次后，让学生上前来演示他们自己的情绪给全班来猜。尽可能多地给予如下的反馈：“很棒！你推测出来了！”“好的推测！”

游戏二：在文本中寻找线索

让一名学生到教室前面来，你在他背上贴上一张写有某种情绪（如失望）的卡片。班里其他学生会给出线索，帮助这个学生确定卡片上写的内容。为了给出一条线索，学生需要回想他们的经历，然后用类似这样的语句表述线索：当……的时候，我曾有这样的感受（例如，当我希望生日得到礼物，但却从未得到过的时候，我曾有这样的感受）。推测情绪的学生需要听取至少三条线索。

第二课（教师主导）：用无字图画书推测

> 无字图画书是教推测的绝好起点，因为读者需要推测出全部的文本。大多数读者都是自发自然地这么去做的。在这堂课里，你要给他们所做的事情命名。

- 向学生们说明有的书是完全没有文字的，但好的阅读者可以从图画中寻找线索并推测出故事。
- 选择一本无字图画书，快速地翻看，说："这本书里完全没有文字，通过图画（插图）来讲故事。我将会示范我是如何仔细地看图画中的线索并进行推测的。"翻到第一页，继续说，"在这一页上，没有任何的文字，但在图画里发生了很多事情。我看见……（描绘你看见了什么）即使作者一个字也没有写，我也可以从这幅图中推测出许多东西来。我推测……（使用'我认为'或者'也许'做一些推测。）"
- 继续阅读和示范你看见和推测的内容。
- 让学生来帮忙："谁能告诉我你们在这页上看到了什么？""谁能推测发生了什么？"
- 这堂课的推荐书籍：亚历山德拉·戴的《好狗，卡尔》（以及"好狗卡尔"系列的其他书），汤米·狄波拉的《早餐吃煎饼》，芭芭拉·莱曼的《小红书》或者《博物馆之旅》。对于年长的学生，波波夫的无字图书《为什么？》特别令人震撼，讲了战争如何开始以及我们为此付出的高昂代价的故事。这个故事完全是用插图讲述的，让读者通过插图来推测整个故事。罗伯特·英诺森提的《铁丝网上的小花》是另一本蕴含力量的书，以一个小女孩的视角描绘纳粹入侵的历史。

第三至第五课（教师主导/集体练习）：从少量的文字中推测

- 那些用少量的文字来讲故事的书非常适合用于示范和练习推测。向学生们解释有的作者可以只用一两个词讲整个故事。通常这些作者也是绘者，这样他们可以用图画来讲故事。一个好的阅读者可以在图画中寻找线索来推测作者没有写出来的内容。
- 开始示范。展示书名页或献词页：“现在，这一页上除了书名没有其他字，但我要做一名优秀的图书侦探，仔细地看这幅图，然后做一些推测。在这页上我可以看到……（描述你看见的一些线索。）我推测也许……（示范一些推测。）”
- 继续示范这本书的头几页，描述你看见的内容，然后做一些推测。
- 在示范了三四页以后，问是否有人想来示范下一页的推测。继续朗读，让不同的学生示范说出他们所看见和推测的内容。

> 注意文字大小和字体的变化，这些通常是留给读者进行推测的线索。

- 继续阅读。学生们与同伴分享他们的所见和推测。
- 写作延伸：让学生选择书中的一页。使用“对话框和思维框”模板（参见第42页或134页），让他们在对话框内画出书中的图画，写下书中的文字，然后在思维框中写下推测。
- 这几堂课的推荐书籍：杰兹·阿波罗的《抱抱》（“抱抱”是书中唯一的词）、卡伦·J. 拉米的

> 珍妮特·温特的《妈妈》是关于2004年海啸中一头与妈妈分离的河马宝宝的真实故事，伊莎贝拉·哈特科夫的《小欧文和老姆齐》是一个关于这个故事的非虚构类文本，这是这本图画书很好的参考读物。

我第一次在一个五年级班上这堂课时，我得到的是一堆“饶舌词”:“哟！”“嘿！”“怎么样？”“发生什么了？”“哟，你”，但这里面没有哪一个是在讲故事。这项活动的一大挑战是要提前计划好故事，这样你可以为学生提供充足的线索来推测一个故事。

我通常不给学生读克里斯·拉西卡提供的另一方交谈的内容，除非学生们已经写下了他们自己的内容。

《猪哼哼》、莫·威廉斯的《古纳什小兔》、克里斯·拉西卡的《哟！哦！》和《铃！哟！》、苏珊娜·布鲁姆的《一个好棒的朋友》(从北极熊的表情可以做很好的推测)，以及珍妮特·温特的《妈妈》。

第六课（独立练习）：创建一个对话

- 提醒学生有的作者不会把一切都写出来，而是在插图和字体等元素中留下线索供读者推测含义。
- 在读了克里斯·拉西卡的《哟！哦！》后，让学生在两个角色间创建一场对话，使用第135页上的“创建一场对话”模板。规则包括对话不能多于六句，每个角色每句只允许说一两个词。
- 对话中学生必须为推测故事的含义提供线索，例如图画、文字或字体的变化。
- 学生两人一组向全班表演他们的对话。
- 在克里斯·拉西卡的《铃！哟！》中，作者为读者提供了一场电话交谈中一方的话语，学生必须从这个人的评论和回答所给出的线索中推测这场交谈是关于什么的。在这本书的末尾提供了交谈中另一方可能的话语。让学生们创建“另一半”对话，使用第136页的“电话交谈”模板。两部旧电话是表演时的重要道具。
- 这堂课的推荐书籍：克里斯·拉西卡的《哟！哦！》和《铃！哟！》。

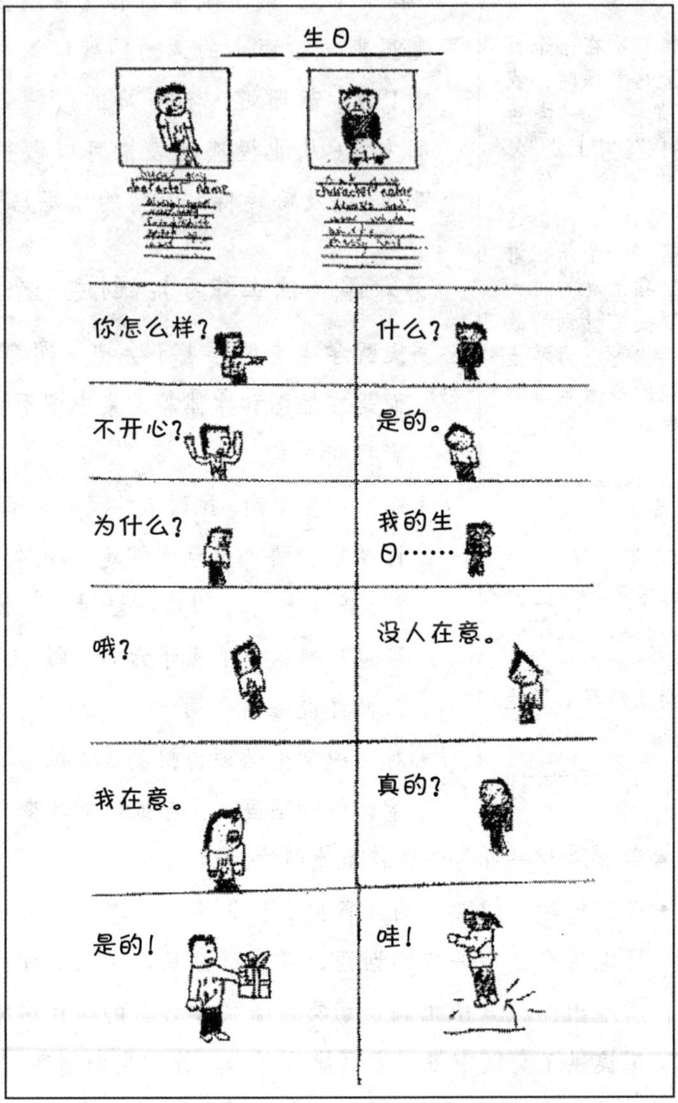

第七课（在教师指导下练习）：从线索中推测

- 提醒学生有时候作者有意在全书布下线索，每次只给出很少的信息，直到结尾揭晓谜底。一个好的阅读者会在读书时注意到这些线索并努力推测谜底。

> 如果在这个活动中使用《小绿》或是《谁是野兽？》，在你读书时让学生完成表单上的第一个部分，他们需要仅根据书名来做第一次推测。非常重要的一点是，不要让学生在读故事前看到书的封面。

- 把第137页的“从线索推测”图表给学生，告诉他们你要给他们读一个故事，这个故事里会有一些线索，但不会一五一十地告诉他们谜底。
- 开始时只是读书名，不要让学生看到封面或任何插图。使用基思·贝克的《小绿》，让学生仅从书名来推测小绿可能是什么或者可能是谁。让他们画一幅画，然后在第一格里写下一个句子。两人一组彼此分享。
- 告诉学生仔细听故事里的线索，看看他们推测出的小绿是不是对应得上。停下来，让他们根据目前得到的线索来画和写。他们推测的小绿跟线索吻合吗，还是需要改变一下？是什么线索让他们改变了自己的想法？
- 读完这个故事，让学生最后一次推测小绿是什么。展示封面并重读故事，展示插图，让学生完成表单最后一格。
- 这堂课的推荐书籍：基思·贝克的《小绿》或者《谁是野兽？》，杨志成的《七只瞎老鼠》（七只瞎老鼠摸到一只大象的不同部位，试图确定“这个东西”是什么，学生听每一只老鼠的线索，尝试推测老鼠们摸的是什么）。

第八课（独立练习）：用漫画推测

- 复制一组连环画，把每一幅都分别剪下来。在一张白纸上把这些画贴成一长串，每一幅之间留出一格空白。
- 让学生用文字或图画填入他们推测出的事情。
- 这堂课的推荐书籍：《加菲猫》《卡尔文与霍布斯虎》

> 连环画需要读者推测每幅图之间的内容，因此，热衷连环画的孩子们通常掌握了推测的技艺，进而成为熟练的阅读者。

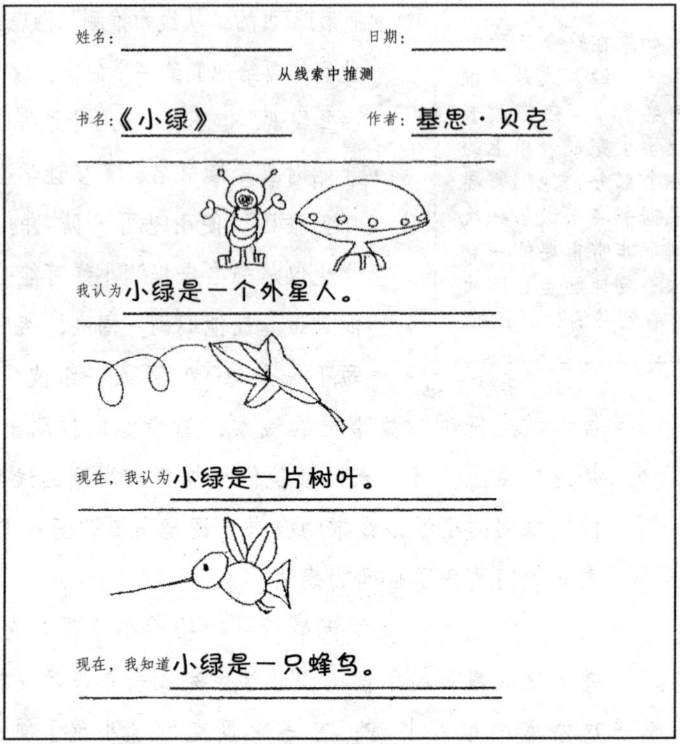

姓名：＿＿＿＿＿＿ 日期：＿＿＿＿

从线索中推测

书名：《小绿》 作者：基思·贝克

我认为小绿是一个外星人。

现在，我认为小绿是一片树叶。

现在，我知道小绿是一只蜂鸟。

第九课（教师主导）：从插图中推测O-W-I[①]

- 从图画书中选择一幅“讲述故事”的插图。向全班展示这幅图。然后在图表纸上分出三栏：“我观察到的”“我想知道的”“我推测的”。

> 如果一个学生开始用“嗯，可能……”来描述他们看见的东西，表扬他正在做推测。

- 向学生示范如何通过在这幅图中细心寻找线索，并只对眼见的内容写出一段描述，来完成“我观察到的”。示范两三幅图以后，让学生参与，在图表纸上记录下他们的反馈。借此机会指出，当一个人说“可

① O代表What I Observe（我观察到的）；W代表What I Wonder（我想知道的）；I代表What I Infer（我推测的）。——译者注

> 我今年教的一个班非常喜欢这个活动，他们决定每周做一次O-W-I。学生开始想他们在班里用的图。

> 克里斯·范·奥尔斯伯格的《十四张奇画的十四个故事》在独立的卡片上提供了大幅的插画，特别适合集体的O-W-I课程。

能”或者“我想”的时候，他们实际上是在做推测。把他们的评论写在第三栏。

- 通过示范你的提问来完成“我想知道的”。学生可以加入他们的问题。在中间一栏记下他们的反馈。
- 告诉学生轮到他们填入自己认为的图片里发生的事情，完成“我推测的”一栏。用“我想”或者“可能”来示范如何推测，强化这样一个概念，当你做一次推测的时候，你写下的思考是根据对图片的观察，而不是作者实际写出来的东西。

O-W-I
（观察–想知道–推测）
书名：《十四张奇画的十四个故事》　作者：克里斯·范·奥尔斯伯格

枫树街上的房子
这是一次完美的起飞

我观察到的……
- 一栋房子像一枚火箭一样飞上天空。
- 邮箱、车、树和其他的房子待在地面。
- 车是老式的或者时髦的。
- 有烟、火焰和许多光在房子下面。
- 这是晚上。
- 有一盏灯亮着。

我想知道的……
- 为什么房子起飞了？
- 下面是有炸药吗？
- 房子里有人吗？
- 这听起来会有多响？
- 它要去哪儿？
- 这是科学实验吗？

我推测的……
- 也许房子里的人在制造炸药。
- 也许这家人会死。
- 也许房子会在月球着陆。
- 也许有亮着灯的窗。
- 也许这栋房子闹鬼。

- 这堂课的推荐书籍：芭芭拉·舒克·黑森的《时间紧迫》、克里斯·范·奥尔斯伯格的《十四张奇画的十四个故事》、大卫·威斯纳的《疯狂星期二》或者《1999年6月29日》、芭芭拉·波特纳的《咬人大王布奇奇》、梅·福克斯的《粗人鲍里斯》、伊莎贝拉·哈特科夫的《小欧文和老厄姆齐》。这堂课使用报纸和知识读物上的真实照片效果也很好。

第十课（独立练习）：O-W-I

- 从第九课推荐的书中选择一幅图复印出来，放到138页的“O-W-I”表单上半部分的格子里。
- 让学生独立完成“O-W-I”图表。与同伴分享他们的推测。
- 重复这堂课，邀请学生找来他们自己的O-W-I图。

第十一课（教师主导）：从线索推测

- 复习第120页上的“在文本中寻找线索”。提醒学生推测的奥秘：不是所有作者都把一切告诉给你，作为读者，要去细心寻找作者没有告诉你的东西，然后把这些“填入”。
- 在一张图表纸上分出三栏：事实、问题、推测。
- 从推测书单里选出一本书（我发现安东尼·布朗的“威利”系列很适合这堂课）。读第一页，在第一栏里，写下作者在第一页里写出而让你了解到的东西。示范你如何探寻关于这个事实的东西；在第二栏里写下问题。示范一个回答了第二栏中问题的推测——你可以用“我想”或者“我可能”来开头——并把它写在最后一栏里。写完之后在下

> 从图画到文本是种“逐渐放权”，学生需要逐渐地理解推测，并掌握推测能力。

面画一条线表示下面是新的一页。

- 继续示范两三页，然后让学生来参与。读完一页后问："通过作者写出来的内容你知道了什么？"记录他们的回答。然后到第二栏，问："对于这部分你有什么疑问？"最后在第三栏记下他们关于"你能做出什么推测？"的答案。

第十二课（独立练习）：从文本推测

- 学生选择一本书。给学生第139页的"从文本推测"图表。
- 学生完成图表，与全班或者同伴分享他们的推测。

推　测

书名：《1999年6月29日》

作者：大卫·威斯纳

事实	问题	推测
• 一个女孩把蔬菜弄上天空。	她为什么这么做？	也许她想尝试做点新鲜事情。
• 她的同学都不说话了。	为什么他们都不说话了？	我想他们因为她做的事情惊呆了。
• 一个男人看见了巨大的萝卜。	为什么萝卜这么大？	也许它们来自霍莉放飞的气球。
• 霍莉迷惑了。	为什么芝麻菜不是她实验的一部分？	也许她从没听说过芝麻菜或者她没有种。

这样在书面上阅读、停顿、思考、询问和推测很耗费时间，我不会每次都让他们这么读。需要向学生指出的是，这个活动是让他们的思考慢下来，使得他们能够看见推测是什么样子以及从哪里来。在现实的阅读经验中，推测出现在我们的脑子里，有时闪现得如此之快，我们几乎注意不到。但是，好的阅读者会像注意作者确实写出的内容一样，注意作者没有写出的东西。

第十三课：反思日志

让学生们记录下他们关于这条新策略的想法以及他们从推测中学习到了什么。“在阅读时进行推测是如何帮助你更好地理解这个故事的？告诉我你的思考。”

三、有关推测力的推荐书目

P=学前班至三年级
I=四到七年级
SR=社会责任
A=原住民

用于示范大声思考和指导性练习的精品书

如果我们希望学生理解什么是推测，就需要向他们展示推测看起来是什么样的。花些时间示范关于推测的大声思考非常重要。这些书是提供给教师在示范课使用的。

Jez Alborough, *Hug*（P, I）
杰兹·阿波罗，《抱抱》
Keith Baker, *Little Green*（P, I）
基斯·贝克，《小绿》
Keith Baker, *Who Is the Beast?*（P, I）
基斯·贝克，《谁是野兽？》
Suzanne Bloom, *A Splendid Friend, Indeed*（P）
苏珊娜·布鲁姆，《一个真正的好朋友》
Barbara Bottner, *Bootsie Barker Bites*（P, I）
芭芭拉·波特纳，《咬人大王布奇奇》（P, I）

Anthony Browne, *Voices in the Park*（I）
安东尼·布朗,《公园里的声音》
Anthony Browne, *Willy the Wimp*（I）
安东尼·布朗,《胆小鬼威利》
Anthony Browne, *Willy the Wizard*（I）
安东尼·布朗,《魔术师威利》
Anthony Browne, *Zoo*（I）
安东尼·布朗,《动物园》
Jim Davies, Any Garfield book（P, I）
吉姆·戴维斯, 任何加菲猫图书
Alexandra Day, *Carl Goes Shopping*（P, I）
亚历山德拉·戴,《卡尔去购物》
Alexandra Day, *Good Dog Carl*（P, I）
亚历山德拉·戴,《好狗, 卡尔》
Tomie DePaola, *Pancakes for Breakfast*（P）
汤米·狄波拉,《早餐吃煎饼》
Lois Ehlert, *Top Cat*（P）
罗伊斯·艾勒特,《猫老大》
Mem Fox, *Tough Boris*（P, I）
梅·福克斯,《粗人鲍里斯》
Barbara Shook Hazen, *Tight Tmes*（P, I）
芭芭拉·舒克·黑森,《艰难时光》
Roberto Innocenti, *Rose Blanche*（I）
罗伯特·英诺森提,《铁丝网上的小花》
Barbara Lahman, *Museum Trip*（P, I）
芭芭拉·莱曼,《博物馆之旅》
Barbara Lahman, *The Red Book*（P, I）
芭芭拉·莱曼,《小红书》
Arnold Lobel, *Fables*（I）
阿诺德·洛贝尔,《寓言故事》
James Marshall, *George and Martha*（I）
詹姆斯·马歇尔,《乔治和玛莎》
Popov, *Why?*（I）
波波夫,《为什么?》
Chris Raschka, *Ring!Yo!*
克里斯·拉西卡,《铃! 哟!》
Chris Raschka, *Yo!Yes!*（P, I）
克里斯·拉西卡,《哟! 哦!》
Jeannette Rowe, *Whose Nose?*（P）
珍妮特·罗,《谁的鼻子?》
Chris Van Allsburg, *The Garden of Abdul Gasazi*（I）
克里斯·范·奥尔斯伯格,《魔法师的奇幻花园》
Chris Van Allsburg, *The Sweetest Fig*（I）
克里斯·范·奥尔斯伯格,《神奇的无花果》
David Wiesner, *Tuesday*（I）
大卫·威斯纳,《疯狂星期二》
Mo Willems, *Knuffle Bunny*（P）
莫·威廉斯,《古纳什小兔》
Ed Young, *Seven Blind Mice*（P, I）
杨志成,《七只瞎老鼠》

用于独立练习的图书

一旦学生准备好独立练习推测，他们可以从推测书箱里选择自己的书。从下面的图书中挑选一些作为你班上的推测书收藏。

P=学前班至三年级
I=四到七年级
SR=社会责任
A=原住民

Anthony Browne, *Into the Forest*（I）
安东尼·布朗，《走进森林》
Anthony Browne, *The Piggy Book*（P, I）
安东尼·布朗，《朱家故事》
Anthony Browne, *Willy and Hugh*（P, I）
安东尼·布朗，《威利和朋友》
Anthony Browne, *Willy the Champ*（P, I）
安东尼·布朗，《冠军威利》
Anthony Browne, Willy the Dreamer（P, I）
安东尼·布朗，《梦想家威利》
Anthony Browne, *Willy the Hero*（P, I）
安东尼·布朗，《大英雄威利》
John Burningham, *Aldo*（P, I）
约翰·伯宁罕，《我的秘密朋友阿德》
John Burningham, *Come Away From the Water, Shirley*（P, I）
约翰·伯宁罕，《莎莉，离水远一点》
John Burningham, *Time to Get Out of the Tub, Shirley*（P, I）
约翰·伯宁罕，《莎莉，洗好澡了没？》
Florence Parry Heide, *The Problem with Pulcifer*（I）
弗洛伦斯·帕里·海德，《男孩帕西佛的问题》
Florence Parry Heide, *The Shrinking of Treehorn*（I）
弗洛伦斯·帕里·海德，《小T缩小了》
Keiko Kasza, *The Wolf's Chicken Stew*（P,I）
庆子·凯萨兹，《狼大叔的红焖鸡》
Eric Kimmel, *Pumpkin Head*（P, I）
埃里克·奇美尔，《南瓜头》
Robert Kraft, *Chocolatina*（P, I）
罗伯特·克拉夫特，《巧克力女孩》
Munro Lear, *Ferdinand*（I）
曼罗·李尔，《爱花的牛》
Jim McGugan, *Josepha- A Prairie Boy's Story*（I）
吉姆·麦古根，《草原男孩约瑟弗的故事》
David McPhail, *Drawing Lessons from a Bear*（P, I）
大卫·麦克菲尔，《一头熊的绘画课》
James Marshall, *George and Martha:*

One Fine Day (I)
詹姆斯·马歇尔,《乔治和玛莎:快乐的一天》
James Marshall, *George and Martha: Rise and Shine* (I)
詹姆斯·马歇尔,《乔治和玛莎:崭新的开始》
Derek Munson, *Enemy Pie* (P,I)
德瑞克·莫森,《敌人派》
Chris Van Allsburg, *Jumanji* (P,I)
克里斯·范·奥尔斯伯格,《勇敢者的游戏》
Chris Van Allsburg, *Just a dream* (P, I)
克里斯·范·奥尔斯伯格,《仅仅是个梦》
Chris Van Allsburg, *The Mysteries of Harris Burdick* (regular or portfolio edition)(P, I)
克里斯·范·奥尔斯伯格,《十四张奇画的十四个故事》
Chris Van Allsburg, *The Polar Express* (P,I)
克里斯·范·奥尔斯伯格,《极地特快》
Chris Van Allsburg, *The Stranger*(P, I)
克里斯·范·奥尔斯伯格,《陌生人》
Chris Van Allsburg, *The Widow's Broom* (P,I)
克里斯·范·奥尔斯伯格,《巫婆的扫把》
Chris Van Allsburg, *The Wretched Stone* (P, I)
克里斯·范·奥尔斯伯格,《厄运石》
Chris Van Allsburg, *Zathura* (P, I)
克里斯·范·奥尔斯伯格,《Z星大冒险》
David Waddell, *Farmar Duck*(P, I)
大卫·韦德尔,《鸭子农夫》
David Wiesner, *Free Fall*(I)
大卫·威斯纳,《梦幻大飞行》
David Wiesner, *Hurricane* (I)
大卫·威斯纳,《飓风》
David Wiesner, *June 29, 1999* (P, I)
大卫·威斯纳,《1999年6月29日》
David Wiesner, *The Three Pigs* (P, I)
大卫·威斯纳,《三只小猪》

对话框和思维框模板

姓名：________________　　　　日期：________________

书名：________________　　　　作者：________________

创建一场对话

姓名：________________　　日期：________________

书名：________________

________________　　________________

1	
2	
3	
4	
5	
6	

电话交谈

姓名:________________ 日期:________________

________________ 哟?
________________ 嘿!
________________ 啊啊。
________________ 不。
________________ 你?
________________ 嗯。
________________ 这样。
________________ 还有呢?
________________ 什么?
________________ 你是?
________________ 什么时候?
________________ 嗯。
________________ 为什么?
________________ 那又怎样?
________________ 然后呢?
________________ 不?
________________ 是的。
________________ 从没有?
________________ 确定?
________________ 你是这样?
________________ 我也是!
________________ 我们会?
________________ 我会!
________________ 了解了吗?
________________ 了解了。
________________ 再见!

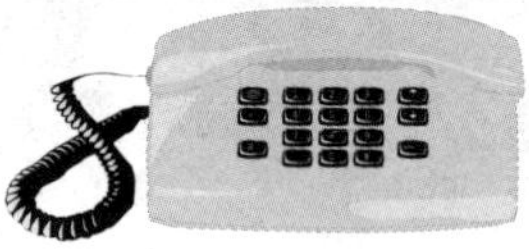

由克里斯·拉西卡的《铃!哟!》改编。

从线索推测

姓名:________________ 日期:____________

书名:________________ 作者:____________

我想______________________________________。

现在，我想________________________________。

现在，我知道______________________________。

O-W-I

姓名：________________ 日期：__________

书名：________________ 作者：__________

把图放这里		
我观察到的	我想知道的	我推测的 （以“我想”或是“可能”开头）

从文本推测

姓名：________________ 日期：________________

书名：________________ 作者：________________

事实	问题	推测

第七章　转化力

第一次读芭芭拉·库尼的《花婆婆》这本书，我就被改变了。正是这本书，改变了我的生活方式。在这个故事里，小爱丽丝告诉她敬爱的爷爷，她长大后想要和他一样："爷爷，我长大以后也要旅行去很远的地方，然后回家，住在海边。"但她的爷爷提醒她一生中还有"第三件事情"必须去做——"让这个世界变得更美好。"在这个故事里，爱丽丝在她的村庄周围撒下了鲁冰花种子，使世界变得更美好。对我而言，找到我自己的"第三件事情"成为一个重要的问题：为了这个世界变得更好，我要做点什么？为了带来改变，我要做点什么？我沿着爱丽丝的足迹，"旅行去很远的地方"，在日本教了三年书，然后我回到温哥华，"住在海边"。而我的第三件事情是什么？是的，我仍然不知道我的第三件事情是什么。但即使我已想不起爱丽丝到过的远方叫什么名字，她种的鲁冰花是什么颜色，我仍记得这个故事对我最重要的意义在于意识到做"第三件事情"的可能，拥抱这种可能性，承担将这个世界变得更好的责任。这是我的转变。我的思维是从故事的细节里跳脱出来，而与有意义的整体——对我最重要的东西相联结的。

在我教孩子和老师们阅读力的这些年里，这些策略一直在发展。特别是最后、也许是最为复杂的一条策略。"转化"这个词根源于"综合"

"一本好书深入内心，唤醒心灵。"——简·李陀

这一阅读策略。在发展这个项目的早期阶段，我没有足够的勇气来把"综合"的力量整合进来，因为我不确定在课堂里教这条策略会是什么情景。我一开始把它更名为"转化"是因为我相信，对孩子们而言，这是一个更耳熟能详的词语。现在，"综合"这一术语已经在初中和高中课堂上使用，我意识到教授综合策略是教授"转化"的一个天然组成部分。"转化"指的是有些特定的书可以改变我们对于自己、他人或是世界的思考。就像综合，它是一种开放的意愿，有意识地整理一个故事的细节并专注于那些对我们最重要的部分。当我们进行综合时，我们是在根据自己的生活重新组织故事。综合，或者转化，以前面的四种阅读力为基础并将它们结合起来，对联结、提问、图像化和推测运用的累积造就了这一新的思考。

我的许多同事参加了2006年在芝加哥召开的"国际阅读协会年会"。在他们参加的某些涉及阅读理解教学的最新潮流和方向的单元中，有一些有趣的讨论。从这个领域中最重要的教育家那里传递出来的信息所表现出的一致性，我认为值得在此一提。总的来说，这个信息就是，如果我们继续专注于阅读理解策略而不是批判性思维，可能会造成一种这样的困境：通过孤立地教授阅读理解策略，学生可能会学习到如何去模仿好的阅读者；然而，如果我们把策略孤立起来，仅仅以阅读理解为目的，那就错失了批判性思考这一个重要的板块。我们需要意识到这一点，以便不断地把学生带回到"全景图"——融会贯通的整体，批判性思考的结

费耶·布朗利在最近一次领导力研讨会上也提到了局限于阅读理解的危险。

"好消息是阅读理解教学终于成为迟来的阅读焦点。坏消息是阅读理解策略和练习常常支配着阅读理解教学。学生们花费大量的时间学习和练习这些策略，却常常不知道如何运用它们，也不理解这些策略是如何嵌入阅读的'全景图'之中的。"——瑞吉·鲁特曼

构和框架。当我们为学生开始建立联结或图像化而欢呼时，我们不应止步于此。道德伦理的培养需要我们给学生提供机会，通过复杂的、真实世界的议题来发展他们思考、论证和判断的技能。阅读理解教学必须为批判性思维教学奠定基础。

说到“阅读力”，紧要的一点是，我们不要因为学生们已经掌握了联结就躺在成绩单上睡大觉，我们要继续教他们其他的策略。教授“转化”——最后一种“阅读力”——以及由特定的书籍所引发的道德议题是建立批判性思维的第一步，这将会引领学生进入更广大的语境之中，给他们更宽阔的路径来展现他们的思考。

我很清楚地记得老师教我总结这个概念时的情景：提取核心观点，然后“用我自己的话”把它们改写成一小段话。但我记得，这些句子里要包含的是所读内容的核心观点，而我自己的思考和观点则绝不能放在里面。事实上，一旦把并非所读段落的东西写进去就会扣分。我现在将总结视为二维阅读——对文本中信息的缩写，而综合可以被解释为三维阅读——文本中的要点加上读者的思考，从而造就新的观点（参见第158页的“综合分析”图解）。当我们做综合时，我们为自己的阅读添加了另一个层面，这个层面就是我们的思考、我们的背景知识以及我们的经验。这个层面在我读高中时是被禁止加入到总结句段之中的，但现在，要从我自己的教学中省略这个层面是我根本无法想象的。

当读者因他们阅读的东西发生改变时：

- 他们会理解，图书具有改变我们看待自己和我们所处世界的能力。
- 他们可能在某一点上被书中的语句、脑中的想法或是心灵的体会触动了。
- 他们接触到那些讨论令人深思的议题的书籍：战争、资源保护、无家可归、社会责任、人类精神的健全、贫困、儿童权利。

- 他们学着超越文本去看到这本书可能对自己的生活的某种暗示和影响。
- 改变给他们带来了挑战。
- 他们理解到转化时时都会发生，而阅读某一本特定的书可能为某一天改变他们的生活方式或者他们看待世界的方式播下种子。
- 他们知道一个故事有改变他们的力量，因为他们的大脑能够储存塑造着他们生活的事实、故事、问题和感觉。
- 他们学会在书中寻找对他们最重要的东西。
- 他们自问："这本书给我带来了哪些不一样？"或者"我有什么地方因为这本书而改变了吗？"
- 他们了解到能够辨认出对自己重要的事情，这正是被自己生活的世界塑造的开始。

一、什么是转化力

为了教给孩子们这条复杂的策略，我们以合适的文学作品为起点。就像其他所有的阅读力策略一样，也有特定的书籍非常适合这条策略。这些书为读者们提供机会去发掘隐藏在故事细节中的深刻含义。（阅读时通常需要几盒纸巾！）这些寓意有时一目了然，如《小小玛丽不平凡》，而有时则并非如此，如《点》。

尽管有人会将转化视作一种复杂的策略，我却注意到孩子们是如何自如地开始进行诠释，并将自己生活中的细节注入文本最重要的部分，去寻找蕴含其中的意义的。我在四年级的一个班里上"转化"课时，使用了彼得·雷诺兹的《味儿》这本书来示范我的思考。这个故事讲述的是一位小艺术家，他的创造力被兄长伤人的话给突然扼制了，但在妹妹对他的艺术的评价中，他又重新获得了自信心。在读完这本书并填写了"阅读的声音/思考的声音"图表（参见第159页）后，我与学生们分享了我对于故事的综合分析：

> 我想这是一个关于有时我们的一言一行会给别人带来巨大的影响的故事。我记得我自己上小学的时候，曾因为人们嘲笑我穿连衣裙而感到非常不安。他们冷酷的话，就像雷蒙德的哥哥的那些话，影响着我。这本书提醒我语言是何等有力——不管是消极的还是积极的。

随后我提醒学生们，我们每个人都不一样，我们对一个故事的综合分析也可能会不同。我问是否有人想要分享不同的综合分析。有个男孩举起手，说："我想这本书是关于有时候你在到达一个好地方之前，你需要先去一个坏地方。我从这本书里得到的是，即使有时我感觉很糟，觉得我的生活倒霉极了，但终将会好起来的。"

我对他佩服极了，激动得语塞。"哇，"我忍住热泪，"你的综合分析远远胜过我刚才的分析，而且因为你的分析我从书中获得了更多的意义。谢谢。"如果我曾对孩子们是否能进行综合分析有过怀疑的话，这个九岁的男孩完全打消了这种疑虑。

> 将乐高插件分发给各组，邀请他们把这些插件"转化"为某种新的东西，这为"转化"这个概念提供了一个具体的形象。请注意，每一组采用了不同的方式来安排他们的插件，这证明了对文本进行综合分析不是只有一条路可行。

在我主持研讨会时，对我而言非常重要的一点，就是为教师提供一个关于某条策略的清晰的描述，这样他们不仅能够理解它，更能轻松地在实践中应用。由于综合分析这个概念的复杂性，"转化"策略对我很有挑战性。史蒂芬妮·哈维说："综合分析是将新的信息和已有的知识结合起来，形成一个原创的观点、一种新的思路或是一种新的创造。"然而，要指导教师如何向学生们传授这条策略，我需要的不只是一条定义。关于具体的例子，我发现将其与两个常见的事物做联想是很有帮助的——音响合成器和合成布料——两者意义相通。音响合成器是将不同的乐器组合起来从而创造出新的声音，合成布料则是将不同的材料组合起来以创造新的材料。一个好的阅读者会将文本中的信息和背景知识结合起来，创造一种新的观点或思想。

向学生介绍“转化力”的时候，我解释转化的另外一个说法叫作“综合”。我给出一些综合的现实案例，比如音响合成器和合成布料。对大一点的学生，我会谈到总结和综合分析的差异：总结是二维的阅读，而综合分析是三维的阅读，后者会为你的阅读增添一个“思考层面”。

对于年幼的学生，我会解释说有时候当我们读一本书的时候，会有一条重要的信息作者并没有写出来，而是希望我们在读完故事后去思考。

> 有时读完一个故事后，我希望作者在书的最后为我写一条特别的信息。
>
> （我翻到书的最后，假装阅读。）
>
> “亲爱的吉尔女士，在你读完这本书后，希望你能从我这儿获得一些想法……这是我想要你从这本书中记住的重要信息……”
>
> （我把书转向学生，展示这个空白页。）
>
> 作者其实并没有给我写什么特别的信息，但作为一个好的阅读者，我知道在阅读之后花点时间思考一下这本书是很重要的。我要想一想，这个故事的哪个部分是我“挥之不去”的？

我总是读芭芭拉·库尼的《花婆婆》来示范我“想法的转变”。

> 现在我读完了这个故事，我要把它放到一边了。但在我把它放在一边以后，我的脑子里有了一些以前不曾有过的新的想法。这本书真的改变了我的很多想法。在这本书里，鲁菲丝小姐通过在她的镇子周围种植鲁冰花而把这个世界变得更美好了。我从这本书中获

得的重要的东西是一个人可以为世界带来改变。现在我常常想，在我的一生中可以为世界或者其他人带来什么改变？我可能并不种植鲁冰花，但我要试着做点什么带来改变。如果我以前没有读过这本书，我也许就不会有这种想法。我的想法因为这本书而改变了，这就是转变。

二、教会学生转化力

第一课（教师主导）：思考的转变

- 花一点时间来解释“转化”这一概念——一种思考上的变化。描述阅读怎样改变我们思考的方式，以及帮助我们产生新的观点和思想。书里的观点加上我们头脑里的思想就等于转化。
- 分享第158页上的“综合分析”图解。
- 示范一本对你产生影响的书是如何在某个方面改变了你的想法。
- 在你读完之后，示范对这个主题的综合分析或是解释这个故事表达的寓意（参见上面关于《花婆婆》的示范）。
- 用来示范“一种思考上的变化”的推荐书籍：芭芭拉·库尼的《花婆婆》（带来改变），梅兰尼·瓦特的《小嘀咕的幸福生活》（勇气、冒险），帕特里克·麦克道奈尔的《我把“没有”送给你》（陪伴的礼物），艾米莉·皮尔森的《小小玛丽不平凡》（善意的随机行为），麦当娜的《豆豆老师的苹果》（讲关于某人的谣言的后果），查尔斯·玛瑞寇·哈珀的《隐形错误箱》（从犯错中学习的价值）。

> 我们的思考真的可以在阅读时发生改变或是转化。好的阅读者有时会将他们读到的内容和他们思考的声音结合起来，创造一种新的思想，这就像给你的阅读加入另一个层面——思考的层面。

第二到第三课（教师主导）：找出重要的信息

- 这堂课将通过阅读一本表达了一条明确的寓意——带来改变——的书，为学生们开始去注意故事里什么是最重要的提供一块踏脚石。
- 告诉学生你会为他们朗读一本书，你要看看这本书会怎样转变他们的思维。提醒他们转化或者综合分析就是在阅读时关注自己的思考，然后找出故事中对他们自己重要的信息。
- 选择一本书，它传达的重要信息是：我们如何能带来改变。朗读这本书之后，让学生找一个同伴来讨论：故事中的人物都做了什么来为世界带来改变？这个故事可能如何改变你的思考？你可以做什么从而带来改变？

> 学生也许会，也许不会从书本延伸自己的思考，但一定给他们时间讨论人物如何为世界带来改变。

- 全班分享。让学生完成第160页的“带来改变”图表。

> 第161页上的“我的不平凡事迹”网状图是专门为艾米莉·皮尔森的《小小玛丽不平凡》设计的，不过，这个也可以供这堂课的其他书使用。

- 这堂课的推荐书籍：艾米莉·皮尔森的《小小玛丽不平凡》、大卫·麦克菲尔的《泰迪熊》、芭芭拉·库尼的《花婆婆》、艾琳·斯安内利的《苏菲的杰作》、琼·穆特的《石头汤》、彼得·H. 雷诺兹的《点》、托德·帕尔的《和平书》。

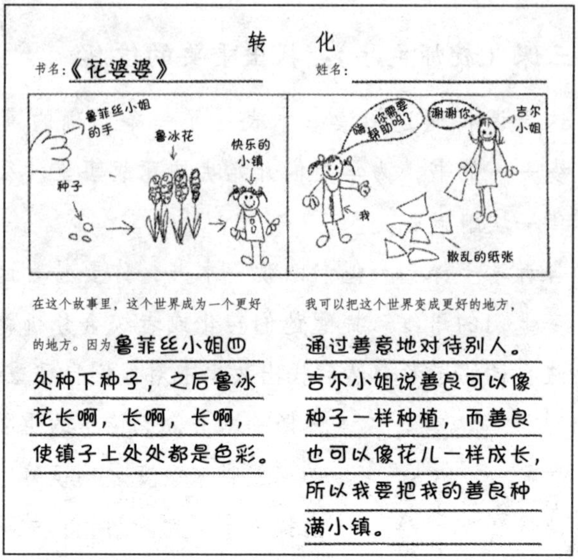

第三至第五课（教师主导/学生参与）：阅读时思维变化

- 向学生解释有时候当我们开始读一本书，我们会想这本书是关于什么内容的，但在读的过程中，我们的想法改变了。到了故事的结尾，我们的想法可能与刚开始读的时候完全不同。
- 从下面的书单里选一本书。对这堂课而言，那些结尾出人意料或是令人惊奇的书使用起来效果很好。散发第162页或是第163页的“注意我的想法如何转变”图表中的任意一张。
- 阅读这本书的前几页，停下来让学生填写第一栏。邀请学生与全班或是同伴分享自己的想法。
- 继续读剩下的故事，让学生填写图表中间的一栏并与同伴分享。

转变我们的思考

《第一天的紧张》

我原来想…… 萨拉是个新来的女孩子，她对去一个新学校感到紧张，而她的爸爸无论如何都要把她弄过去。
我后来想…… 惊奇！惊奇！萨拉不是一个学生。她是老师！这真让人震惊！
我转变了的想法…… 嗯，我猜这就像成长所带来的紧张。

- 解释最后一栏与他们在之前课堂里做的作业如何相似：从这个故事中你有了什么“新想法”（一种你在读这个故事前可能没有但现在产生了的想法或者思想）？
- 这堂课的推荐书籍：约翰·伯宁罕的《请让我留在火车上吧》、朱莉·丹尼伯格的《第一天的紧张》、丹妮丝·弗莱明的《那儿曾经有片树林》。

第六课（教师主导）：示范寻找什么是最重要的

- 选择一本对你的生活传递了重要信息或者产生重要影响的书，你可以用这本书来示范你的“转变的想法”。
- 根据第159页的“阅读的声音/思考的声音”模板创建一个图表。在其中一面上，你要对故事中到某一个节点为止都发生了什么做一个简短总结。在另一面上，你要记录下你的思考的声音。

> 这堂课也可以使用164页上的“寻找什么是最重要的”图表。

- 开始朗读，每读几页停下来，在图表上记录下你的阅读之声（总结）和思考之声。
- 在左边示范简短的总结，在右边则是更长一些的反馈。让学生们注意：“左边的总结很短，但这没问题。事实上，我对这一边并不感兴趣，因为它基本上就是复述我已经读到的东西。我更感兴趣的是右边，因为这是了解读者思考的窗口。它将告诉我，你对自己的想法理解了多少，以及你使用阅读力的情况如何，所以当你在你的图表上做作业的时候，我希望纸张右边的内容写得更多。”
- 在你读完以后综合分析是一种艺术——阅读后的思考（A.R.T[①]）。

① A.R.T, After Reading Thought 的缩写，即“阅读后的思考”，而 ART 三个字母连起来也组成单词“艺术”，此处是一语双关。——译者注

这种思考的声音帮助你在阅读时持续跟进自己的想法，而现在该对这个故事的含义有更深的反馈了。

既然我已经读完了作者的故事，把书放到了一边，我正在思考什么呢？我的读后感是什么呢？

- 示范你对这本书的综合分析：“在阅读和思考过这本书后，我现在想要加上这两栏，看看我的新想法。对我而言，这个故事里最重要的是什么？哪个部分在我脑子里挥之不去？”提醒学生，由于我们每个人都是不同的，因此对每个人而言重要的信息也会不同。

- 这堂课的推荐书籍：芭芭拉·库尼的《花婆婆》(带来改变)，梅兰尼·瓦特的《小嘀咕的幸福生活》(勇气、冒险)，帕特里克·麦克道奈尔的《我把“没有”送给你》(陪伴的礼物)，艾米莉·皮尔森的《小小玛丽不平凡》(善意的随机行为)，麦当娜的《豆豆老师的苹果》(讲关于某人的谣言的后果)，李欧·李奥尼的《自己的颜色》《田鼠阿佛》或者《亚历山大和发条老鼠》，琼·穆特的《禅的故事》中的任意一个小故事。

第七课、第八课（在教师指导下练习）：阅读如何改变你的想法

- 这堂课跟第六课类似，但学生现在需要自己完成表单。
- 分发第159页上的“阅读的声音/思考的声音”模板。开始朗读一个故事，每几页停顿一下。让学生在左边栏内写他们的总结，右边写他们的思考的声音。留出时间进行分享。
- 读完故事，学生也完成了图表的两栏以后，试着让学生综合分析自己对于这本书的思考：“这个故事中什么对你是最重要的？你获得了什么新的想法？我不是想要你们复述故事，因为我刚刚读完，我想要知道你们想的是什么以及你们记得最

清楚的是什么。什么对你而言最有意义？”

- 在他们完成了“我转变了的想法”一栏后，让学生相互之间或者与全班分享他们的想法。

> 读一个故事有时可以改变我们对于自己的想法，对他人的想法，或是对世界的想法。

- 这堂课的推荐书籍：山姆·史沃普的《住在自由街的阿拉布里人》，大卫·麦克菲尔的《泰迪熊》，土屋幸夫的《忠实的大象》，艾琳·斯安内利的《苏菲的杰作》，彼得·雷诺兹的《点》或者《味儿》，琼·穆特的《尼古拉的三个问题》或是李欧·李奥尼的任意一本书。

书名：《味儿》　作者：彼得·雷诺兹

到目前为止： 作者在故事里说了什么……	我的思考之声： 我的反应/反馈： （我想到的，想知道的，感觉到的……）
·雷蒙喜欢画画，有一天，雷蒙尝试画出和花瓶里的花一模一样的花。	·在我无聊又有很多时间的时候，我喜欢一模一样地照着画东西。 很好的描述

综合分析： 我的新想法：作者没有说，但现在我在思考（“挥之不去”的部分）
我想，如果别人是错的，而且又很尖刻，聆听你自己该做什么很重要。 有力的尝试

第九至第十一课（独立练习）：展示书籍如何改变你的想法

- 让学生从转化书箱中选择图书，并独立完成第159页的“阅读的声音/思考的声音”表格或是第164页的“寻找什么是最重要的”表格。
- 让学生与全班一起分享他们对书的综合分析。

第十二课（在教师指导下练习）：寻找共同的主题

- 这堂课教学生关注书中体现的重要观点和主题。向学生说明，给他们挑选的这些书都是因为作者所传递的信息而被特别选出来的。
- 大脑风暴，讨论学生们已经在这些书中注意到的一些主题。
- 创建一个关于主题的班级网格表，让学生在每个主题下记录书名。有些书肯定会同时出现在几个类别里（见本页表格）。

主题	书名
战争	《欧先生的大提琴》 《忠实的大象》 《萨米在动荡年代》 《羽毛和傻瓜》 《楼上的猫》
死亡、生命轮回	《桃子和蓝蟾蜍》 《蝴蝶王子》 《苏菲的杰作》
	《记忆的项链》 《风到哪里去了》 《大变迁》 （也可参考第62页列出的“失去至爱”书单）

（续表）

主题	书名
保护（动物和环境）	《那儿曾经有片树木》 《大木棉树》 《请让我留在火车上吧》 《我的鲸鱼朋友》
和平	《今日某处——一本关于和平的书》 《和平书》 《无论你是谁》 《住在自由街的阿拉布里人》 《红罂粟是为了纪念》
带来改变	《花婆婆》 《寻找绿石头》 《泰迪熊》 《小小玛丽不平凡》 《尼古拉的三个问题》 《石头汤》 《点》 《画出的文字》/《说出的记忆》

第十三课：反思日志

让学生们记录下他们对于这条新策略的想法以及对于转化他们学习到了什么。“在阅读时转化是如何帮助你更好地理解这个故事的？告诉我你是怎么思考的。”

备注：所有的转化书都可以与社会责任的主题联系在一起。

三、有关转化力的推荐书目

P=学前班至三年级
I=四到七年级
SR=社会责任
A=原住民

用于示范大声思考和指导性练习的精品书

如果希望学生理解什么是转化，就需要

向他们展示转化看起来是什么样的。花些时间示范你关于转化的大声思考非常重要。这些书是提供给教师在示范课使用的。

Aliki, *Painted Words/Spoken Memories* (SR)(P, I)
阿丽奇，《画出的语言/说出的记忆》

Jeff Brumbeau, *The Quilt Maker's Gift* (SR)(I)
杰夫·贝姆鲍，《做被子的人的礼物》

John Burningham, *Hey! (Oi!) Get off Our Train* (SR)(I)
约翰·伯宁罕，《请让我留在火车上吧》

Estelle Condra, *See the Ocean* (I)
埃思特尔·康德拉，《看见大海》

Barbara Cooney, *Miss Rumphius* (P, I)
芭芭拉·库尼，《花婆婆》

Charlene Costanzo, *The Twelve Gifts of Birth* (I)
沙来娜·康斯坦佐，《给新生儿的十二份礼物》

Peter Evyindson, *Red Parka Mary* (SR)(P, I)(A)
彼得·艾文德森，《红大衣玛丽》

Denise Fleming, *Where Once There Was a Wood* (SR)(P)
丹妮丝·弗莱明，《那儿曾经有片树林》

Sarah Kilborne, *Peach and Blue* (P, I)
萨拉·奇博妮，《桃子和蟾蜍》

Patty Lovell, *Stand Tall, Molly Lou Melon* (SR)(P)
帕蒂·洛威尔，《站直了，小莫莉》

Madonna, *Mr. Peabodys' Apples* (SR)(I)
麦当娜，《豆豆老师的苹果》

Patrick McDonnell, *The Gift of Nothing* (P, I)
帕特里克·麦克道奈尔，《我把"没有"送给你》

David McPhail, *The Teddy Bear* (SR)(P, I)
大卫·麦克菲尔，《泰迪熊》

Jon Muth, *The Three Questions* (I)
琼·穆特，《尼古拉的三个问题》

Emily Pearson, *Ordinary Mary's Extraordinary Deed* (SR)(P, I)
艾米莉·皮尔森，《小小玛丽不平凡》

Peter Reynolds, *The Dot* (SR)(P, I)
彼得·雷诺兹，《点》

Peter Reynolds, *Ish* (SR)(P, I)
彼得·雷诺兹，《味儿》

Sam Swope, *The Araboolies of Liberty Street* (I)
山姆·史沃普，《住在自由街的阿拉布里人》

Tsuchiya Yukio, *Faithful Elephants: The True Story of Animals, People and War* (I)

土屋幸夫，《忠实的大象：一个关于动物、人类和战争的真实故事》

United Nations, *For Every Child*（I）

联合国，《献给每个孩子》

Melanie Watt, *Scaredy Squirrel*（P, I）

梅兰尼·瓦特，《小嘀咕的幸福生活》

White Deer of Autumn, *The Great Change*（I）（A）

秋日白鹿，《大变迁》

Tory Wilson, *The Perfect Man*（P, I）

托里·威尔森，《完人》

P=学前班至三年级
I=四到七年级
SR=社会责任
A=原住民

用于独立练习的图书

一旦学生准备好独立练习转化，他们可以从转化书箱里选择自己的书。从下面的图书中挑选一些作为你班上的转化书收藏。

Byrd Baylor, *The Table Where Rich People Sit*（P, I）（A）

伯德·贝勒，《富人的桌子》

Joseph Bruchac, *A Boy Called Slow*（I）（A）

约瑟夫·布鲁查克，《一个叫小慢的男孩》

Eve Bunting, *The Memory String*（I）

伊芙·邦婷，《记忆的项链》

Lynn Cherry, *The Great Kapok Tree*（I）

林恩·切瑞，《大木棉树》

Bruce Coville, *Prince of Butterflies*（I）

布鲁斯·科维尔，《蝴蝶王子》

Allan Crow, *The Crying Christmas Tree*（P, I）（A）

阿兰·克劳，《哭泣的圣诞树》

Jane Cutler, *The Cello of Mr. O*（I）

简·卡特勒，《欧先生的大提琴》

Roma Downey, *Love Is a Family*（P, I）

罗马·唐莉，《爱是一个家》

Peter Eyvindson, *Jen and the Great One*（SR）（P, I）（A）

彼得·艾薇德森，《简和大树》

Marie-Louise Fitzpatrick, *The Long March: The Choctaw's Gift to Irish Famine Relief*（I）（A）

玛丽·路易斯·菲茨帕特里克，《长征：爱尔兰大饥荒时期来自乔克托人的礼物》

Paul Fleischman, *Weslandia*（I）

保罗·弗莱舒门,《威斯利王国》
Mem Fox, *Feathers and Fools*（I）
梅·福克斯,《羽毛和傻瓜》
Mem Fox, *Whoever You Are*（P, I）
梅·福克斯,《我们都是好朋友》
Mem Fox, *Wilfred Gordon McDonald Partridge*（P, I）
梅·福克斯,《威尔弗雷德·戈登·麦克唐纳·帕特瑞奇》
Barbara Diamond Goldin, *The Girl Who Lived with the Bears*（I）（A）
芭芭拉·戴蒙德·戈尔丁,《与熊同住的女孩》
Florence Parry Heide, *Sami and the Time of the Troubles*（P, I）
弗洛伦斯·帕里·海德,《萨米在动荡年代》
Simon James, *My Friend Whale*（P, I）
西蒙·詹姆斯,《我的鲸鱼朋友》
Karla Kuskin, *The Upstairs Cat*（SR）（P, I）
卡拉·库斯金,《楼上的猫》
Paul Owen Lewis, *Grasper*（P, I）
保罗·欧文·刘易斯,《螃蟹小G》
Leo Lionni, *Frederick*（P, I）
李欧·李奥尼,《田鼠阿佛》
Max Lucado, *You Are Special*（I）
马克思·陆可铎,《你很特别》
Geraldine McCaughrean, *My Grandmother's Clock*（I）
杰拉尔丁·麦考林,《我外婆的钟表》
Toni Morrison, *The Big Box*（P, I）
托妮·莫里森,《大箱子》
Robert Munsch, *The Paper Bag Princess*（P, I）
罗伯特·蒙施,《纸袋公主》
Jon Muth, *Stone Soup*（SR）（P, I）
琼·穆特,《石头汤》
Jon Muth, *Zen Shorts*（I）
琼·穆特,《禅的故事》
Christopher Myers, *Wings*（I）
克里斯托弗·梅耶斯,《翅膀》
Todd Parr, *The Peace Book*（P, I）
托德·帕尔,《和平书》
Daniel Manus Pinkwater, *The Big Orange Splot*（P, I）
丹尼尔·马努斯·平克瓦特尔,《好大一坨橙色》
Robert San Souci, *Nicholas Pipe*（I）
罗伯特·桑·苏西,《人鱼尼古拉斯》
Patricia Polacco, *The Bee Tree*（P, I）
派翠西亚·波拉蔻,《蜜蜂树》
Shel Silverstein, *The Giving Tree*（P, I）
谢尔·希尔弗斯坦,《爱心树》
Eileen Spinelli, *Sophie's Masterpiece*（I）
艾琳·斯安内利,《苏菲的杰作》
C.J. Taylor, *The Secret of the White Buffalo*（I）（A）
C.J.泰勒,《白水牛的秘密》
Shelley Moore Thomas, *Somewhere*

Today: A Book of Peace（P, I）
雪莱·门罗·托马斯，《今日某处：一本和平之书》

Richard Lee Vaughan, *Eagle Boy*（SR）（P, I）（A）
理查德·李·沃根，《鹰男孩》

Alice Walker, *Finding the Green Stone*（SR）（P, I）
爱丽丝·瓦尔克，《寻找绿石头》

Melanie Walsh, *My World, Your World*（P）
梅兰尼·华尔西，《我的世界，你的世界》

Charlotte Zolotow, *When the Wind Stops*（P, I）
夏洛特·佐罗托，《风到哪里去了》

综合分析

姓名：________________ 日期：________________

来自文本的信息 → 总结：决定什么是重要的 + 融合 阅读力：思考的声音 = 新的想法或思考

- 得出结论
- 主要概念：“主要观点是什么？”
- 不在文本中，但你现在正在考虑它

A + B = C^3

阅读理解立方

阅读的声音/思考的声音

姓名：＿＿＿＿＿＿＿＿　日期：＿＿＿＿＿＿＿＿

书名：＿＿＿＿＿＿＿＿　作者：＿＿＿＿＿＿＿＿

<table>
<tr><td>我阅读的声音
这个故事到目前为止……
（总结作者写下的内容）</td><td>我思考的声音
我的联结、问题、推测、图像化、想法、反应、感觉等。</td></tr>
<tr><td></td><td></td></tr>
<tr><td colspan="2">我转变了的想法
没有写在故事里，但我现在想着的……
（“挥之不去”的部分）</td></tr>
<tr><td colspan="2"></td></tr>
</table>

带来改变

姓名：________________

日期：________________

在这个故事里，这个世界成为更好的地方，因为……

____

____

____

____

____

我可以让这个世界变得更好，通过……

____

____

____

____

我的不平凡事迹

姓名：________________　　日期：________________

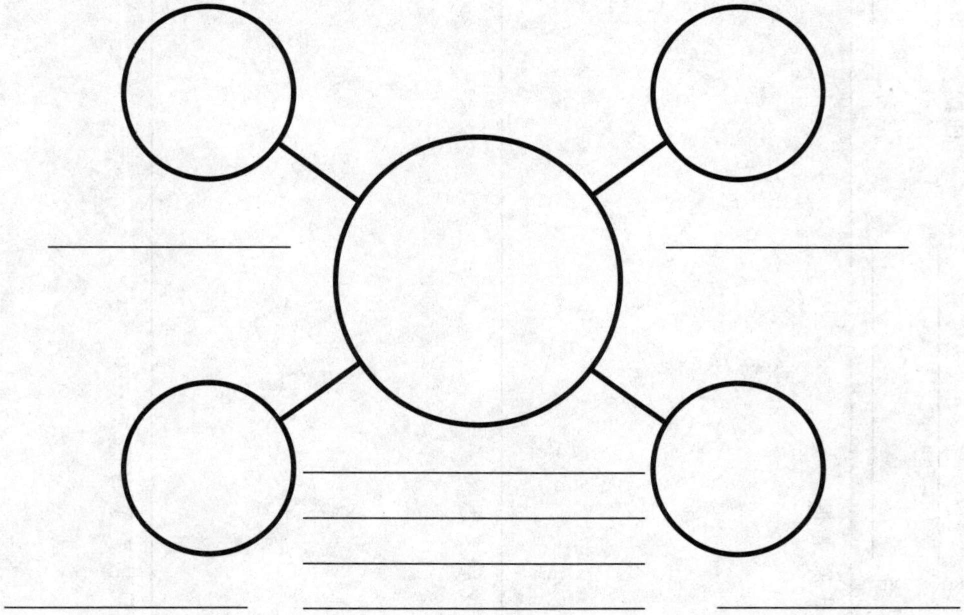

注意我的想法如何改变#1

姓名：______________________ 日期：________________

书名：______________________ 作者：________________

我原来想……
我后来想……
我转变了的想法……

注意我的想法如何改变#2

姓名:______________________　　日期:______________

书名:______________________　　作者:______________

一开始我想……

但我后来想知道……

后来我明白了……

寻找什么是最重要的

姓名：________________　　日期：________________

书名：________________　　作者：________________

这本书的“主要观点”是……

____

____

____

阅读前，我关于____________________的想法、观点和意见是

____

____

____

但我的想法改变了。现在我认为……

____

____

____

对我而言重要的是……

____

____

____

第八章　运用和评测

一、如何运用阅读力

在学生熟悉了全部五种阅读策略以后，他们就准备好把自己“繁忙的大脑”用在所有的书上了。我发现，许多书都适用于全部的策略。虽然我建议分别去教授这五种策略，然而示范一个好的阅读者在阅读时如何把五种策略交替使用也非常重要。许多在转化书箱中的书都可以用单本书练习不同的阅读力。

C——如果你建立了一个联结
Q——如果你提了一个问题
V——如果段落是描述性的并且你能够视觉化
I——如果你发现自己在想：嗯，可能……或者我想……
T——如果你注意到自己想法的改变

1.阅读力复式日志

第167页的“复式日志”是让学生在阅读时练习使用这些策略的一个绝好设计：一边是对从书中读到的内容的总结，而另一边则用来记录他们的思考的声音。大一点的或能力强的读者可以开始使用策略字母标注他们的想法，为他们的思考之声编码。

姓名：　　　　书名：《泰迪熊》
作者：大卫·麦克菲尔

联结…… ——这让我想到 ——我舒适的家。(T-S) ——我弟弟博克曼的玩具。(T-S) ——我丢失的履福德玩具。(T-S) ——当我丢失了特别的玩具又买了新的。(T-S) ——当人们在街上端着杯子。(T-W)	问题…… ——如果这家人什么都带了，怎么会忘记它呢？ ——为什么老人保留了泰迪熊？ ——为什么老人因为这只熊哭了？ ——为什么男孩移交这只熊？
图像化……  	推测…… 我想作者告诉我们不要忘记对自己特别的东西。

三年级样本

> 第168页上的“使用我的阅读力”表是另外一种供学生展现他们在一本书中对多种不同阅读力的理解的方式。

2.练习多种阅读力的童书

以下这些书可以用来练习多种阅读力。

阿丽奇：《画出的语言》/《说出的记忆》
伊斯特拉·康德拉：《看海》
大卫·麦克菲尔：《泰迪熊》
琼·穆特：《尼古拉的三个问题》
琼·穆特：《禅的故事》
萨姆·斯沃普：《住在自由街的阿拉布里人》
秋日白鹿：《大变迁》

复式日志

姓名:________　　日期:________

书名:________　　作者:________

事实 这个故事到目前为止…… （对作者写出的内容的总结）	我思考的声音 我的反应/反馈…… （我正在想的、想知道的、感觉到的等）

使用我的阅读力

姓名：____________　　　日期：____________

书名：____________　　　作者：____________

我的联结	我的问题
我图像化的	我的推测
我转变了的想法	

二、读小说时使用阅读力

> 允许学生选择已经熟悉的图表或者模板，从而在书面上延伸自己的思考，这是另一种鼓励他们运用策略的方法，并且为他们提供了展现思考的不同方式。

对于年龄大一点的学生来说，读书会或者研读小说是他们使用更复杂的文本来运用和研读练习阅读力的绝佳机会。尽管我过去在读书会上的经验并不太成功，但阅读力让我可以对文学研讨进行“微调”，使得学生更多地参与到阅读、思考和对书的讨论之中。通过用图画书学习和练习阅读力策略，学生们得以接触思考的语言，他们可以将这些策略应用于更加复杂的文本。他们的读书会看起来、听起来、感觉上更像正规的读书俱乐部的讨论，而不是传统读书会上布置任务式的强制性发言。

当阅读小说时，学生们使用有横格线的便利贴来记录他们的思考之声，之后这些便利贴都可以撕下来贴在日志或者作业本上，每一页的顶头标注上章节号码。这些便利贴上的记录代表了一个学生对小说的思考和理解，在我看来，这要远远好过回答关于每一章的问题或者制作某种延伸“产品”（“现在我们来做一个布景图……”）。至于讨论环节，学生在参加读书会时，要准备好分享自己阅读时思维之声“最响亮”的一个片段。学生们逐个朗读他们的选段，并向大家解释自己的想法。更为熟练的阅读者也可以指出他们都使用了哪些策略，其他学生则可以在讨论中发表自己的评论或想法。如果两个学生选择了同一个段落，比较两种“想法”也可以作为讨论的一个部分。

> 学生首先朗读他们直接摘自小说的段落，然后分享他们的想法。

以下是一组四年级学生讨论约翰·雷诺兹·加德纳的小说《石狐》的一些例子：

- “当我读这个部分时，我想起了我的爷爷病得很重，不得不去医院。他下不了床，这让我既害怕又难过。”（联结）
- “当我读到这个部分时，它在我的脑子里产生了非常清晰的画面。帮我创造这些画面的词语是……我画了一幅画。”（图像化）
- “当我读这个部分的时候，我想，也许威利在看了石狐的狗队后，会改变参加狗拉雪橇比赛的主意。这是一个推测，因为我的大脑说‘也许’。”（推测）
- “当我读到这个部分时，我真的很困惑。我的意思是，威利只有一只狗，而其他所有人都有一整个狗队，他怎么可能真的认为他可以获胜呢？”（提问）

读书会为学生提供了机会，使他们

- 在有趣的小说阅读中运用阅读力
- 积极介入文本
- 成为具有元认知能力的读者
- 在充分的而又各具特色、富有意义的讨论中与同伴分享关于书籍的内容
- 将思考延伸至写作活动

1.读书会

介绍阅读力

- 使用图画书进行关于阅读力（阅读理解策略）的直接教学。
- 按照评测中显示的阅读能力把全班学生分成三组或四组。
- 每周至少组织两次读书会，每次一小时：

  第一次活动：R-T-R（阅读—思考—反馈）

  第二次活动：SPOT（分享段落&我们的思考）
- 为每一组选择一本合适的小说。提前阅读小说。

- 给每个学生一份小说副本、一个作业本以及有横格线的便利贴。作业本将记录他们的“思考”和多种多样的写作延伸练习。

头几次课程

- 在你指导其中一组的活动时，确保其他组有事可做。
- 示范小说的第一个章节（或头几页），使用大声朗读/有声思考策略，在便利贴上标注你的思维之声。
- 示范你思维之声“最响亮”之处的选段。
- 给其他组重复以上示范。

2.读书会活动

一旦步入正轨，你的读书会活动看起来可能是这样的：

第一次活动：R-T-R（阅读—思考—反馈）

- 所有学生都在默读他们的小说，并标注他们的思维之声。
- 有的人可能在使用阅读力BLMS表做写作延伸练习。
- 教师布置每个组在下一次的SPOT活动中将要讨论的章节——全体学生都有义务完成那个章节。

第二次活动：SPOT（分享段落&我们的思考）

- 学生们分组围成圆圈（挪动课桌分组）。
- 学生们准备好分享指定章节中的选段，以及自己对该段落内容的想法。
- 学生轮流朗读他们的段落并在读完后分享他们的想法，其他人给予反馈。
- 教师巡视各组，示范自己对于这一章的段落和想法，聆听并指导交流。
- 教师可以在巡视时用一张BLMS表解释一次写作延伸。

记住：

- 学生可以根据自己的速度来阅读。
- 用于讨论的章节要在SPOT活动的前一两天布置下去。
- 便利贴要撕下来，贴在作业本里。作业本每一页的抬头应该有章节号码和页码，这样你可以知道这个思考是来自小说的哪个部分。这是学生们思考的重要证据。
- 大多数高级组被“逐渐豁免”写出全部的思维之声，只需要带着计划进行分享的段落和想法来读书会即可。
- 学生选择自己的BLMS表来展现思考。

3.读书会的推荐书目

三年级

Lynne Reid Banks, *Harry the Poisonous Centipede*
林恩·里德·班克斯,《毒蜈蚣哈利》
Barbara Fienburg, *Tashi* (fantasy, curiosity, adventure)
芭芭拉·芬伯格,《超级冒险王》(幻想，好奇心，冒险)
Sara Pennypacker, *Stuart Goes To School* (worrier, school adventure)
莎拉·潘尼培克,《斯图尔特去学校》(焦虑，校园冒险)
Jill Tomlinson, *The Owl Who Was Afraid of the Dark*
吉尔·汤姆林森,《怕黑的猫头鹰》

四年级

Anna Fienberg, *Horrendo's Curse* (courtesy, pirates, adventure)
安娜·芬伯格,《赫拉多的诅咒》(礼貌，海盗，冒险)
John Reynolds Gardiner, *Stone Fox* (courage, perseverance)
约翰·雷诺兹·卡迪纳,《石狐》(勇气，毅力)
Hill Kirkpatrick, *Toughboy and Sister* (survival, Aboriginal)
希尔·柯克帕特里克,《荒野兄妹》(求生，原住民)
James Houston, *Tikta' Liktak* (Inuit, survival)
詹姆斯·休斯敦,《提可塔·李克塔

克——一个因纽特人的传说》(因纽特人，求生)

Glenn McCoy, *The Legend of Spud Murphy*(librarian,fantasy)

格伦·麦科伊,《斯普德·墨菲的传说》(图书管理员，幻想)

Ellen Miles, *Taylor Made Tale: The Dog's Secret*

艾伦·迈尔斯,《泰勒讲故事：狗狗的秘密》

Alexander McCall Smith, *Akimbo and the Lions*(Africa, boy and cub)

亚历山大·麦考尔·史密斯,《小A和狮子》(非洲，男孩和幼兽)

Jerry Spinelli, *Fourth Grade Rats*(conformity, peers)

杰瑞·史宾内利,《四年级的淘气包》(一致性，同伴)

Jeanne Willis, *Dumb Creatures*(elective mute connects with gorilla)

珍妮·威利斯,《猩猩不说话》(与大猩猩有关的选择性缄默)

五年级

Marion Dane Bauer, *Runt: Story of a Boy*(poverty, abuse, friendship, courage)

马里恩·丹·鲍尔,《小男孩伦特的故事》(贫困，虐待，友谊，勇气)

Mary Chase, *The Wicked Wicked Ladies in the Haunted House*

玛丽·蔡斯,《鬼屋里的邪恶巫女》

Andrew Clements, *The Report Card*(gifted, trying to fit in)

安德鲁·克莱门斯,《成绩单》(有天赋的，试图融入)

Sandy Frances Duncan, *Cariboo Runaway*(historical, goldrush)

桑迪·弗朗西丝·邓肯,《逃亡的卡瑞布》(历史题材的，淘金热)

Elin Kelsey, *Strange New Species*(invitation to pursue research)

埃林·凯尔西,《新物种》(鼓励对研究的追求)

Dick King Smith, *Just Binnie*(WWI, Edwardian, family)

迪克·金·史密斯,《正义的宾尼》(“一战”，爱德华时代，家庭)

Sofia Nordin, *In the Wild*(adventure, survival, bullying)

索菲亚·诺丁,《荒野求生》(冒险，求生，欺凌行为)

Jerry Spinelli, *Wringer*(facing fears, courage, tradition)

杰瑞·史宾内利,《绞杀者》(面对恐惧，勇气，传统)

Cora Taylor, *Ghost Voyage*(I, II, III)(Canadian explorers)

柯拉·泰勒,《幽灵之旅》(一，二，三部)(加拿大探险家)

Wendelin Van Draanen, Shredderman Series（creative way of dealing with bullies）
文德琳·范·德拉安南，施莱德曼系列（对付欺凌行为的创造性手段）

五、六年级

Blue Balliett, *Chasing Vermeer*（art, math, mystery）
布鲁·巴利埃特，《谁偷了维梅尔》（艺术，数学，奥秘）

Frank Cottell Boyce, *Millions*（greed, decisions, character develop-siblings）
弗兰克·科特雷尔·博伊斯，《百万小富翁》（贪婪，抉择，角色成长-兄弟姐妹）

Zizou Corder, *Lion Boy*（boy communicates with cats, uncovers parents' kidnapping）
祖祖·科德，《狮子男孩历险记》（男孩与猫交流，揭开父母被绑架之谜）

Jonathan Harlen, *The Cockroach War*（siblings win lottery）
乔纳森·哈伦，《蟑螂战争》（兄弟姐妹联手）

Kathryn Lansky, *The Night Journey*（WWII, Jewish persecution）
凯瑟琳·拉斯基，《夜之旅》（"二战"，迫害犹太人）

Gary Paulson, *The Hatchet*（survival, adventure）
盖瑞·伯森，《手斧男孩》（求生，冒险）

Jerry Spinelli, *Loser*
杰瑞·史宾尼利，《失败者》

Theodore Taylor, *Ice Drift*（Arctic, ice fishing, survival）
西奥多·泰勒，《冰上漂流记》（北极圈，冰钓，求生）

六年级

Deborah Ellis, *The Breadwinner*（Afghanistan, freedom, culture）
德博拉·埃利斯，《养家的人》（阿富汗，自由，文化）

Frances Mary Hendry, *Chandra*（South Asian culture, traditions）
弗朗西斯·玛丽·亨德利，《钱德拉》（南亚文化，传统）

Eva Ibbotson, *Journey to the River Sea*（adventure, Amazon River）
伊娃·伊博森，《蝴蝶·天堂·探险记》（冒险，亚马孙河）

Eva Ibbotson, *The Star of Kazan*（1900 Vienna, old-fashioned adventure）
伊娃·伊博森，《喀山之星》（1900年的维也纳，旧式冒险）

Cynthia Kadohata, *Weedflowers*（WWII, Pearl Harbor）
辛西娅·卡多哈塔，《野草花》（"二战"，珍珠港）

Ben Mikaelsen, *Petey* (friendship, overcoming physical obstacles, discrimination)
本·米卡尔森,《皮提》(友谊，克服身体残障，歧视)

Kenneth Oppel, *Silverwing* (bat colony, survival)
肯尼思·欧佩尔,《银翼》(蝙蝠聚落，求生)

Linda Sue Park, *A Single Chard* (Korea, 12th century)
琳达·休·帕克,《碎瓷片》(韩国，12世纪)

Michelle Paver, *Wolf Brother* (first in "Chronicles of Ancient Darkness" series set in Bronze Age, friendship between boy and wolf cub, survival, adventure, loyalty)
米雪儿·佩弗,《狼兄弟》("远古黑暗传说" 系列青铜时代第一部，男孩和幼狼之间的友谊，求生，冒险，忠诚)

Christopher Russell, *Brind and the Dogs of War* (boy raised by dogs)
克里斯托弗·罗素,《狗窝男孩布林德的征途》(狗养大的男孩)

Lois Sachar, *Holes* (crime and punishment, consequences)
路易斯·萨奇尔,《别有洞天》(犯罪和惩罚，后果)

Lois Sachar, *Small Steps* (sequel to Holes)
路易斯·萨奇尔,《徐徐图之》(《别有洞天》的续集)

Jonathan Stroud, *Buried Fire* (fantasy, dragons, secrets, choices)
乔纳森·斯特劳德,《地下火》(幻想，龙，秘密，选择)

Tim Wynne-Jones, *The Maestro* (coming of age, friendship, courage, piano)
蒂姆·温恩-琼斯,《大师》(成年，友谊，勇气，钢琴)

七年级

Peter Abrahams, *Down the Rabbit Hole* (girl protagonist, sports, drama, mystery)
彼得·亚伯拉罕,《掉进兔子洞》(女孩主角，体育，戏剧，推理)

Terry Deary, *The Fire Thief* (adaptation of Greek myth)
特瑞·迪亚,《盗火者普罗米修斯》(希腊神话改编)

Deborah Ellis, *Looking for X* (loyalty, bullying, autism, family; easy, short read, occasional coarse language)
德博拉·埃利斯,《寻找X》(忠诚，欺凌行为，自闭症，家庭；轻松，简短的阅读，偶尔有粗话)

Margaret Peterson Haddix, *The House on the Gulf*（thriller, mystery）
玛格丽特·彼德森·哈迪克丝,《海湾小屋疑云》（悬疑，推理）
Carl Hiaasen, *Hoot*（owls, environment, bullying）
卡尔·希尔森,《猫头鹰的叫声》（猫头鹰，环境，欺凌行为）
Caroline Laurence, *Roman Mystery Series*（mystery in Ancient Rome）
卡罗琳·劳伦斯,《罗马之谜》（古罗马揭秘）
Jean Little, *Willow and Twig*（abandonment, survival）
简·李陀,《阿柳阿枝寻亲路》（抛弃，求生）
Ben Mikaelsen, *Touching Spirit Bear*（Aboriginal, survival, self-realization）
班·麦可森,《遇见灵熊》（原住民，求生，自我实现）
Michael Morpurgo, *Private Peaceful*（WW I）
迈克·莫波格,《柑橘与柠檬啊》（“一战”）
Alex Shearer, *Tins*（boy collects tin cans）
亚历克斯·希勒,《易拉罐里的秘密》（男孩收集罐头）
Jerry Spinelli, *Star Girl*（acceptance, nonconformity, peers, loyalty）
杰瑞·史宾尼利,《星星女孩》（认可，不墨守成规，同伴，忠诚）
Maiya Williams, *The Golden Hour*（time travel, French Revolution）
迈亚·威廉姆斯,《黄金时代》（时间旅行，法国大革命）

七、八年级

Avi Crispin, *The Cross of Lead*（medieval England, boy accused of crime he didn't commit, survival, adventure）
艾维·克里斯宾,《铅十字架的秘密》（中世纪英格兰，被控告子虚乌有的罪名，求生，冒险）
Ann Halam, *Dr. Franklin's Island*（plane crash, survival）
安·哈拉姆,《富兰克林博士的疯狂实验岛》（坠机，求生）
Mary Hooper, *At the Sign of the Sugared Plum*（plague, 17th-century London）
玛丽·胡珀,《话梅店的故事》（瘟疫，17世纪伦敦）
Michael Morpurgo, *War Horse* and *Farm Boy*（two books: same story, different points of view）
迈克尔·莫波格,《战马》《农场男孩》（这两本书是同一个故事，不同的视角）
Wendelin Van Draanen, *Flipped*（early

teen relationship/romance）
文德琳·范·德拉安南,《怦然心动》（青春期早期青少年关系/爱情故事）

Pam Withers, *Raging River*（adventure, survival, extreme sports）
帕姆·威瑟斯,《激流勇进》（冒险，求生，极限运动）

三、在亲子阅读中培养阅读力

与孩子一起阅读，一直被认为是父母帮助孩子学习的最重要的途径之一。在我的经验里，大多数父母在跟孩子一起读书时专注于文字，“念出这些字”，而常常忘记了阅读理解，这是我们大多数专业教育者深感错误的事。“学习阅读”在许多父母的眼里就是“学习念出书页上的字词”。向父母们介绍阅读力——关于策略性思考、创造意义、元认知以及思维的语言这些概念——将有助于指导他们把注意力从集中在认字上转向寻求认字与理解间的平衡。

我相信父母在跟孩子一起阅读时都有着最美好的目的，但他们可能不知道，除了帮助孩子念出书页上的字以外还能做些什么。在过去，和我一起工作过的父母都急于知道如何才能帮助他们的孩子——他们只是需要你向他们展示如何去做。用简洁的语言向他们提供一种可以在家使用的简单策略，这等于给了他们帮助孩子阅读的实用工具。

> 我鼓励在家不说英文的父母使用他们自己的语言练习这些策略。

在我教授“阅读力”的这些年里，我受邀参加了许多次“父母之夜”、家长咨询委员会（PAC）[①]会议和家庭读写庆祝活动。我展示我的阅读力模型和书籍，继而给父母做关于元认知概念和研究的简要说明，解释每一种策略。之后，我用一本图画书来示范，父母在家里使用阅读力策略及其用语，与他们的孩子一起阅读时，看起来、听起来可能是什么情景。我得到的反馈一直都非常正面，父母们很享受分享彼此的关联和经验。他们离开的时候，都带着对新策略的感激之情，急着回家跟孩子一起尝试。许多人后来跟我说他们有多么享受跟孩子一起阅读，而他们的孩子又是多么喜爱听自己父母的“故事”。

---

① PAC 即 Parent Advisory Council，家长咨询委员会。——译者注

如果你计划召开一次家长会，以下是一些参考：

- 一两位教师对“阅读力”做简单的说明。使用阅读力模型（参见第18页）演示元认知的概念。
- 选择一种策略进行示范，联结是一个好的开头。
- 一位教师朗读书，使用“这让我想起了……”句式示范讲话的声音/思考的声音。
- 在桌上摊开一些联结书，邀请家长选择一本进行默读，并关注他们自己的联结。
- 家长两两彼此分享他们的书和联结。
- 如果家长是在上课时间来，邀请他们的孩子来加入父母的活动。让父母和孩子一起阅读，并分享联结。
- 给父母们发放“给父母的指南”（参见180页）和“家长信息书签”（参见第182页）。如果可能的话，提供一个联结书资源书单。
- “阅读力：概述”（参见第183页）可以用在学校的秋季电子报里或是第一学期的报告卡概述里。

四、如何评测阅读力

评测需要反映出我们的目标。作为教师，如果我们的目标是学生能够阅读一个段落并正确回答一系列的阅读理解问题，那么我们的评测就需要反映出这一点。许多对阅读理解的传统评测是这么做的：给学生一些用于阅读的段落和学生需要回答的问题，然后根据学生的答案计分，以此评估对阅读力的掌握和运用情况。然而尽管通过这些正式的评测方法，可以得出有关学生阅读理解能力的有价值的信息，我同时也认为教师还应该看得比一个学生是否“给出正确答案”更远一些，努力评估他们是如何获取这些答案的。因此，为了更好地评估学生的阅读力，更好地指导我们的实践，这就需要重新评估我们的阅读目标。

阅读力

帮助你的孩子成为更有力量的阅读者和思考者

给父母的指南

阅读者与文本中的文字相遇，同时从自身的经验和知识来考虑其观点时，意义被构建出来了。

——斯蒂芬妮·哈维

什么是阅读力?

“阅读力”是一个阅读理解项目，这所学校的教师正在用它帮助学生发展阅读理解技巧，从而成为有力量的阅读者和思考者。我们教授的五种阅读策略或者说“阅读力”分别是:

1. **联结**：这个故事让我想起了什么?
2. **提问**：关于这个故事我想要知道什么?
3. **图像化**：阅读这个故事，我可以在我的脑子里创造出什么样的画面?
4. **推测**：对故事里没有写出来的部分我是怎么想的?
5. **转化**：我的想法是怎样因为这个故事而改变的?

核心观点是什么?

- 学习从不同的、但同样重要的两个方面来阅读：
- 文字解码：熟练准确地阅读书面文字的能力。
- 理解：根据文本构建意义的能力。
- 阅读理解策略需要直接明确地教学，使学生能够理解思考看起来、听起来是什么样子。
- 这些阅读策略的共通的用语对于帮助学生逐年级获取“思考的语言”非常重要。
- 元认知，或者说对思考的觉知，是本项目的重要组成部分。
- 我们有两种声音：讲话的声音和思考的声音。好的阅读者在阅读时关注他们的思考的声音。
- 教师和父母可以在给孩子读书或是跟孩子一起阅读时示范他们的思考的声音，这有助于教授和强化这些策略。

联结

你的生活是一个故事——只是没有写在纸张上

它是什么?

强有力的阅读者在阅读时建立联结。当我们读一个故事的时候,对我们每一个人而言,可能唤起不一样的东西,这种唤起也叫作“联结”。我们可以与个人的经历、别的书籍、其他媒体如电影,或是生活经验建立联结。

如何与你的孩子一起做联结:

- 选一本唤起你记忆的书,如童年的记忆、家庭、文化、学校生活、国家等,与你的孩子共读。
- 开始用你的“讲话的声音”朗读这本书。
- 每当故事里的某些内容让你想起了一次个人经历,就停下来分享你的联结:“故事的这个部分让我想起了……”
- 继续用你的“讲话的声音”朗读,并分享你的联结,或者说你“思考的声音”。
- 让你的孩子分享他产生的联结。
- 很重要的一点要记住,每个人的生命故事——记忆和个人经历——都不同,联结也是不同的。建立起的联结没有对和错之分。

享受与你的孩子共读和分享联结!

家长信息书签

书签正面

阅读力

联结

当我们读一个故事时，它让我们每个人想起了不同的东西。这也被叫作“联结”。

它让我想起了……

我的记忆

别的书

电影或电视

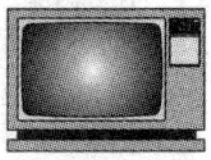

世界

书签背面

阅读力

联结

联结的步骤：

1. 选择一本让你在某方面想起自己生活的书。可以是你童年的记忆、你去过的地方，或者你认识的某人。
2. 开始用你的“讲话的声音”朗读这本书。
3. 阅读时，在你建立联结的一个地方停下来。与你的孩子分享这次联结——你的“思考的声音”：“这让我想起了……”
4. 让你的孩子与你分享他的联结。

阅读力：概述

阅读力是我校近期实行的一项研究性的阅读理解项目。我们不仅仅是教给学生如何成为熟练的阅读者，还要教他们在阅读时发展对自己思考情况的感知，使他们可以参与到更深入的、更有意义的阅读体验中，并提高他们的理解能力。通过使用真正的儿童文学作品，我们向学生们介绍五种专门在阅读过程中使用的策略，或者说“阅读力”。研究发现，熟练阅读者使用的正是这些策略。这五种阅读力是：联结、提问、图像化、推测和转化。学生将在课堂里学习和练习这些“阅读力”，他们还会学到每一种策略如何帮助自己增强对所读内容的理解。相关的写作延伸练习也会被整合到这个项目里。

联结：在所读的故事和自己的生活经历之间建立联结的能力。

提问：在阅读时提出字面意义上的问题和深入思考型的问题的能力。

图像化：在阅读时使用文本中的文字创造思维图像或是“脑子里的电影”的能力。

推测：阅读时在文本和图画中寻找线索，并利用这些线索向文本中“填入”那些没有直接写出的内容的能力。

转化：理解书本有能力转变（改变）你看待自己、他人和世界的方式；辨认出一本书中对你而言最重要的东西的能力。

阅读理解的目标

> “评测是关于学习的描述性信息。”——费耶·布朗利《出色的交流，深思的反馈》

作为一个阅读教师，我对自己学生的目标是让他们：

- 发展对于思考的感知；成为元认知的学习者。
- 发展一种思考的语言使得对于文本的理解更成体系。
- 辨认和使用专门的思考策略，使他们能够从文本中建立意义。
- 理解专门的策略如何以及为何能够用来深化他们对于文本的理解。

评估这些目标

> 如果我注意到一些孩子学习某个策略时有困难，我会把这些学生集中到一起，上一次指导性阅读课来给予他们帮助，并重新教他们可能有困难的策略。“阅读力一览表”可以一目了然地提醒我哪些学生需要额外的帮助。

“阅读力问卷”（参见第187页）将帮助评测第一个目标——让学生发展对于思考的感知，或成为元认知的学习者。我会早些发放这份问卷，评估学生对于思考的理解。如果这是你第一年教“阅读力”，你很可能会发现许多学生对这些策略都不熟悉；如果你的学校已经推行这种关于阅读理解的通用术语，你秋季接手的学生则已经接触过部分策略。举个例子，如果你班里大多数学生可以有规律地建立联结，那么你就不需要在联结策略上花费太多时间了。到这一学年末，给班里学生做同一份问卷，然后比较每一个人的问卷结果，看看哪些地方有了进步。

非正式评测

> 这些规则可以在你评测时用来标定学生在理解和使用每种策略的熟练程度。

非正式的评测为我们提供关于学生进展情况的珍贵资料。第188页的“阅读力一览表”由列治文的一位教师制作，是一种可以在直接教学和指导性课程中用来密切跟进学生进展的非正式清单。当你开始意识到某些学生展现出对某种策略已经理解时，你可以快速地写下评语或是在他们的名字后面打钩。如果你看到一个学生在理解某个策略时有困难，在这个学生姓名旁做一个简单标记将会提醒你这个孩子需要额外的帮助。

正式评测

你想要更深入地了解每个人对于每一种阅读力的理解时，可以使用第189页的“阅读理解评测”表。这个表格既可以用来在教完一个策略后对学生进行一对一的评测，也可以作为对全班的评测。如果是做全班评测，你可以选择一个故事为学生朗读，然后让他们写下反馈。对于低年级的学生，你可能需要读出问题，然后在每个问题之间留出时间给他们写答案。

这个表格可以持续用来做评测，学生只需填写对应最近所学策略的那部分表单。或者，对于已经熟悉了所有策略的学生，可以在一年里定期给他们做评测。注意到学生在理解特定策略时所存在的差距有助于指导你自己的教学实践，并让你知道哪一种阅读力还需要更多的教学。

第190—191页的“阅读力分类标准”在从“卓越”到“未达标”五个熟练级别上列出了五种阅读力中每一种在相应级别上所对应的表现、理解和结果。这些并不是狭隘的相关表现的标准，而是作为常用的评测和报告五种理解策略的标准创制出来的。

五、阅读即思考

> “改变意味着带来变化。”——丹姆·玛利亚·克雷

从多年前的早期阶段开始，我就意识到“阅读力”是独一无二的，它有着一些跟我尝试过的其他教学模式和阅读项目不同的东西。它帮助我填充了阅读教学中缺失的环节，即为了帮助我们的学生成为更好的阅读者，我们需要教他们如何成为更好的思考者。我相信“阅读力”的力量正是在于它不是教学生该思考什么，而是教他们如何去思考。

如果我们的目标是教学生学会如何去思考，那么，作为教师，我们需要付出巨大的努力来达成这个目标：

- 不论教哪个年级，都把我们自己看作“阅读教师”。

> 阅读力使学生能够控制自己的阅读，吸引他们超越书本去思考自己的观点，并鼓励他们打开双眼、思维和心灵，相信自己的观点很重要。

- 将元认知整合到我们的教学实践中，从而帮助学生对他们的思考形成感知。
- 增加教学时间来教学生阅读理解策略。
- 建立起一种跨年级共通的关于阅读和思考的用语，有意识地将这种用语整合到我们的课堂里，这样学生可以在他们逐年的学习中累积关于阅读和思考的知识。
- 向学生示范和呈现我们思考的声音，这样他们可以看见思考看起来和听起来是什么样子。
- 用丰富、意义深刻的文学作品充实我们的课堂，对于分享的书籍充满激情。
- 让学生相信他们有“力量”成为好的阅读者。

还有什么让“阅读力”与众不同？玛德琳·席尔瓦，一位了不起的三年级教师，有一天她对我说，她如此热爱教“阅读力”，是因为它“对孩子的观点怀有敬意”。“阅读力”尊重孩子的思考，它教给孩子们他们的观点、他们的联结，他们的画面、他们的问题以及他们的见解是在构建意义时最为重要的东西。

丹姆·玛利亚·克雷在谈到她针对困难学生的“阅读恢复计划”时说：“改变意味着带来变化。”在我看来，“阅读力”也是一样的。如果我们想要在学生理解文本的能力上带来改变，我们首先需要让我们的教学与众不同。通过教给学生阅读并不仅仅是阅读书面上的文字，而是我们自己以及我们的思考能够给这些文字带来什么，通过提供给学生们用来思考和讨论阅读的共通的语言，我相信我们真的能够“带来变化”。去阅读就是去思考，去思考就是去改变。我们在学校里教给孩子们的东西没有什么比它更有说服力了。

阅读力问卷

姓名:______________________ 日期:________

年级:______________________

1. 你阅读时会使用身体的哪些部分?

____

____

2. 要能够阅读,你都需要学习哪些东西?

(比如,我需要认识字母表)

____

____

圈出适用于你的答案:

1. 当我阅读时,我在读到的内容和我自己的经验、别的书以及我周围的世界之间建立联结。

   总是　　经常　　有时　　从不

2. 在我阅读时,对于故事我向我自己提问。

   总是　　经常　　有时　　从不

3. 在我阅读时,我在脑海里创造出关于故事里正在发生什么的画面。

   总适　　经常　　有时　　从不

(以上适用于一年级以上的学生)

4. 在我阅读时,我会在脑子里“填入”作者没有写出的文字或图画。

   总是　　经常　　有时　　从不

5. 在我阅读时,我对所阅读的内容的观点、想法和看法会改变。

   总是　　经常　　有时　　从不

阅读力一览表

姓名：________________　　　　日期：________________

学生姓名	联结	提问	图像化	推测	转化

阅读理解评测

姓名:________ 年级:______ 分部:______

书名:________

阅读力	问 题	学生反馈
联结	你能告诉我什么是联结吗？你能告诉我一些你建立联结的不同的方式（比如，T-S，T-T，T-W，T-感觉，T-角色）吗？给我举个例子，说说你与这个故事建立的一个联结。	
提问	你能告诉我速答型问题和深入思考型问题之间的区别吗？从这个故事出发，就这两种问题分别举出一个例子，并尝试进行回答。	
图像化	你能告诉我什么是图像化吗？你能告诉我这个故事的哪个部分让你产生了图像化？哪些词语帮助你进行图像化？除了视觉方面的，告诉我你还用到了哪些感官。	
推测	你能告诉我什么是推测吗？当你进行推测时你做了什么？什么东西帮助你进行推测？从这个故事里给我举一个推测的例子。给我一个你在这一页里产生的以“可能”开头的想法。	
转化	你能告诉我什么是转化吗？在你阅读时你的思考是在什么时候发生变化的？举例说明你在阅读这个故事时，想法是如何转变的。	

阅读力分类标准

	卓越	完全达标	达标	最小限度达标	未达标
联结	·完全理解与文本联结的策略以及如何有意识地以口头及书面的形式建立个体的联结，从而增强对他所阅读的文本的理解 ·不用提示即与自己（T-S）、其他文本（T-T）以及世界（T-W）产生联结	·理解与文本联结的策略，并且能轻松地与他阅读的故事建立个体的联结，从而增强对阅读文本的理解 ·经提示与自己（T-S）、其他文本（T-T）以及世界（T-W）进行联结	·正在学习如何与他阅读的故事建立个体的联结，以便更好地理解故事；可以未经提示即以口头或书面的形式表达简单的联结 ·建立有意义的联结并增强阅读理解能力	·已经接触到与文本联结这一阅读过程之中使用的策略，并开始理解联结是如何有助于增强对故事的理解的；经过提示，能够建立联结，但这种联结并不总是对理解故事有意义 ·建立的联结更多是字面意义上的而非推测性的	·还不能通过与他阅读的故事建立个人联结（或在建立联结时需要帮助）从而更好地理解文本
提问	·在阅读过程中，自己能够提出有意义的问题，包括字面意义上的和深入思考型的问题，并且完全理解这些问题，不论其是否在文本中有现成的答案，是如何有助于对文本更好的理解的	·可以在阅读时提出有意义的问题，并理解阅读时的提问和回答的过程如何能够帮助他更好地理解文本；展现出提字面意义上的和推测性的（深入思考型）问题的迹象	·正在学习阅读时向自己提问的策略，表现为开始懂得了回答这些问题如何能够帮助自己增强对文本的理解；所提问题一般是字面意义上的，但也展现出提推测性问题的迹象	·正在学习就所读的故事向自己提问，对于如何利用这个策略来增强对文本的理解具备最低程度的理解	·还不能在阅读时针对所读故事向自己发问，也不明白这一阅读策略如何能够帮助他更好地理解文本
图像化	·可以在阅读时轻松自然地将文本中的词语与他自己的背景知识结合起来创造出思维图像，并以口头、书面文字或是绘画的方式进行呈现 ·可以轻松地将其他感觉加入思维图像中 ·完全理解阅读时的图像化将有助于增强阅读理解并将阅读带入生活	·能够在阅读时利用文本中的词语创造思维图像，并以书面文字和绘画两种方式对这些思维图像进行演示 ·可以往思维图像中加入部分其他的感觉 ·完全理解阅读时进行图像化可以帮助自己增强对文本的理解	·正在学习在阅读时利用文本中的词语创造思维图像，并试图在阅读时独立使用这一策略，以口头、书面文字和绘画的形式呈现思维图像 ·试图在图像化时加入一种以上的感觉	·开始在阅读时利用文本中的词语来创造“思维中的电影”，开始理解这一策略，以口头和绘画的方式进行演示 ·除非受到提示，否则还不能使用多于一种的感觉	·除非得到图画或插图的帮助，否则还未显示出图像化（阅读时对故事里正在发生的事情创造思维的图像）的能力或具备任何对图像化的理解

（续表）

	卓越	完全达标	达标	最小限度达标	未达标
推测	·能全面理解事实（明确地写在文本中的）和推测（文本所暗示的）之间的区别。在阅读时，能够在文本和图画中寻找线索，并将这些线索与他自己的背景知识结合起来，帮助自己对文本进行“填入”和诠释	·理解事实和推测之间的区别；在阅读时，能够在文本和图画中寻找线索，并正在学习通过“我想……”或者“可能……”这样的反馈从线索中推测意义	·开始理解事实和推测之间的区别，正在学习如何通过在图画和文本中寻找线索来帮助自己进行推测，从而更好地理解文本	·开始理解推测是什么，在得到协助的情况下，正在学习在文本和图画中寻找线索以帮助自己进行推测	·对于区分事实（明确地写在文本中的东西）和推测（读者基于文本中的线索所做的诠释）还有困难，还不能在阅读时独立地进行推测
转化	·完全理解书籍有能力改变我们看待自己和我们所处世界的方式，能够超越文本本身，以书面和口头的方式反馈书籍对他自己的生活的暗示和影响	·理解书籍有能力改变我们看待自己和我们所处世界的方式，能够从一本书中寻找和辨认出对自己最重要的意义，并以书面形式呈现出来	·正在学习故事有能力转变我们看待自己、他人和周围世界的方式。正在学习辨认一本书中对自己最重要的意义的部分	·展现出对于被一本书所转变这种现象的最低程度的理解，在教师的协助下，正在学习辨认书中可能改变自己想法的重要议题	·还未表现出对转化的理解，也不能辨认书中可能改变一个人看待自己或世界的方式的重要议题

译后记

在进入新阅读研究所工作的第四个年头接到这本书的翻译工作，对我自己来说，是一个很好的机会来整理自己那点零零星星的对阅读理解教学的思考。中小学时期接受的语文教育已经有些久远了。多年的研究，使我早已习惯将Read to Learn（“从阅读中学习”）视作一个自发自然的过程。但三年来在研究所从事儿童阅读的研究和推广工作，特别是2011年参与研究所“中国小学生基础阅读书目”阅读分享课程的制作，都需要我回头去思考 Learn to Read（“学习阅读”）的过程，我这才重新发现，原来，阅读理解也是需要学习的，绝不是认得字就能行这么简单。而每一个熟练的阅读者，无论自己是否意识到，都会在阅读中运用一些帮助自己理解文本的策略，也就是本书作者吉尔女士所说的Reading Power，阅读力。

在这本书中，吉尔女士精选出了五种阅读策略——关联、提问、形象化、推测和转变——作为在基础教育阶段，针对文学类作品进行阅读理解教学的重点。坦白地讲，谈阅读策略的书，这不是我所接触到的第一本，但这本书务实的风格令我一读之下即由衷地赞赏。吉尔女士多年在教学和教师培训的一线工作，她非常理解教师们工作量大，课题任务繁杂的状况。她深知，如果只是空谈阅读策略的重要性，然后把一张写满策略术语的表单抛给教师们，那么这个表单最终的归宿往往是到档案袋里去睡大觉。因此，在这本书里，她选择了手把手地带领读者去完成这五种阅读策略的整套教学——从如何向学生介绍阅读与思考的关系，每种策略每一堂课的具体实施，到教学适用图书的推荐，甚至连上课使用的图表都一一附上。在翻译的过程中，我好多次忍不住在脑海中构想，如果这套由教师自由选择儿童文学作品充当教学资料的教学方案能够得到中国教师们的青睐，走进阅读课的教室，成为语文课教学的有益补充，该是怎样的一番情景。

这本书旨在讲授阅读策略的教学，然而书中时时体现出的鼓励学生独立思考的教育理念也深得我心。不论在哪个国家生活，拥有独立思考的能力和习惯，对一个孩子完整人格的形成都至关重要。教孩子如何读书的过程，其实也是在教他们如何思考，如何做人。但在阅读教学中怎样才能做到这一点呢？这本书给出的建议是：示范和引导孩子们去认识思维的过程，但不去试图告诉他们思维的结果应该是什么，尊重孩子的真实想法。

完稿之际，历经十月怀胎，我自己的孩子也即将来到这个世界。希望世界上每一个孩子都能够从阅读中汲取营养，健康快乐地成长。

岳坤

2013年12月9日